现代物流基本技能

主　编　庄　敏　孙　亮

副主编　李海民　周　璇

参　编　甄　戈

北京理工大学出版社

BEIJING INSTITUTE OF TECHNOLOGY PRESS

内容简介

本书以“实用、适用”为原则，理论与实践相结合，介绍了组托堆码作业、拣货作业、物流中心数据处理、缮制物流仓储业务单证、缮制物流运输业务单证等内容。

本书可以供智慧物流及相关从业人员自学使用。

图书在版编目(CIP)数据

现代物流基本技能 / 庄敏，孙亮主编. -- 北京 : 北京理工大学出版社，2024.4

ISBN 978-7-5763-3899-7

Ⅰ.①现… Ⅱ.①庄… ②孙… Ⅲ.①物流 Ⅳ.①F252

中国国家版本馆 CIP 数据核字(2024)第 088609 号

责任编辑：王梦春　　**文案编辑**：芈　岚
责任校对：刘亚男　　**责任印制**：施胜娟

出版发行 / 北京理工大学出版社有限责任公司
社　　址 / 北京市丰台区四合庄路 6 号
邮　　编 / 100070
电　　话 / （010） 68914026（教材售后服务热线）
（010） 68944437（课件资源服务热线）
网　　址 / http://www.bitpress.com.cn

版 印 次 / 2024 年 4 月第 1 版第 1 次印刷
印　　刷 / 定州启航印刷有限公司
开　　本 / 889 mm×1194 mm　1/16
印　　张 / 10
字　　数 / 203 千字
定　　价 / 69.00 元

前言

党的二十大报告指出，要“加快发展物联网，建设高效顺畅的流通体系，降低物流成本”。随着全球经济的不断发展，物流作为现代经济的重要组成部分和最为经济合理的综合服务模式，正在世界范围内迅速发展，并已逐渐成为我国经济发展的重要支柱产业和新的经济增长点。在这种背景下，我们认真学习贯彻党的二十大精神，依据行业准则编写了本书。

本书为了符合学习者的认知规律、使学习者可以更快速准确地掌握专业技能，我们将其合理整合优化。技能模块 1 组托堆码作业包括：任务 1 收货检验作业、任务 2 设计绘制堆码示意图、任务 3 现场 5S 管理；技能模块 2 拣货作业包括：任务 1 手动液压托盘车操作、任务 2 托盘货架区拣货作业、任务 3 电子标签货架区拣货作业；技能模块 3 物流中心数据处理包括：任务 1 出入库数量及金额统计、任务 2 货位存储图的编制、任务 3 物动量 ABC 分类法的计算、任务 4 移库作业；技能模块 4 缮制物流仓储业务单证包括：任务 1 缮制入库单、任务 2 缮制出库单、任务 3 缮制拣货单、任务 4 缮制盘点单；技能模块 5 缮制物流运输业务单证包括：任务 1 缮制公路货物运单、任务 2 缮制普通铁路货物运单。

本书的编写打破传统图书的组织结构模式，从现代物流技术应用的角度展开任务。本书具有以下几个方面的特点。

(1)本书的编写设计强调立德树人，注重思想教育与技能教育的有机融合。以培养学习者职业素养和工匠精神为主线，重在培养学习者的劳动意识。通过任务的训练使学习者接受锻炼、磨炼意志，培养其正确的劳动价值观和良好的劳动品质，并形成良好的劳动习惯。

(2)本书突破传统学科体系，编写结构、形式新颖。每个技能模块包括：学习目标(知识目标、技能目标、素养目标)、思维导图、任务内容及要求 、任务形式及要求 、任务技术要求、任务环境；每个任务包括：任务描述、知识准备、任务实施、任务评价、实训任务描述、实训报告、实训报告等内容，图、表、文并茂，主要的作业任务用二维码链接操作示范视频，有机地将现代物流基本技能与基本专业理论相结合，集知识性、逻辑性、可操作性于一体，让学习者更方便学。

(3)本书“以职业为导向，以能力为本位”，突出企业岗位实践的重要性。本书采用物流企业岗位任务描述形式组织图书内容，注重物流行业的要求，为学习者创设了一个真实的物流企业工作情景，理实一体，促使学习者在“做中学”和在“学中做”，力求以职业岗位需求驱动学习者的探索与实践，强化体验和认知，提高学习者的学习兴趣。

本书由具有丰富教学经验的一线中、高职教师和企业技术人员合作完成，庄敏、孙亮担任主编，李海民、甄戈、周璇参与了编写。在本书的编写过程中，得到了济南理工学校、山东交通职业学院、日照市海洋工程学校、山东高速石化有限公司的大力支持与帮助。

本书在编写过程中参考了一些著作、文献资料等，在此一并对其著作者表示诚挚的感谢。

由于编者时间、精力、水平有限，书中难免有不足之处，恳请各位专家与读者提出宝贵意见和建议，以求不断改进与完善。

编　者

目录

技能模块 1

组托堆码作业

学习目标

知识目标

熟知现场5S管理的要点。

技能目标

1. 能阅读分析任务所提供的相关资料。
2. 能根据资料，正确填写收货检验单。
3. 能根据托盘和货物包装规格，设计合理的堆码方式，并完成托盘码放示意图绘制。

素养目标

树立敬业精神、劳动意识，培养精益求精的工匠精神。

思维导图

- 组托堆码作业
  - 阅读分析资料
  - 正确填写收货检验单
  - 设计合理的堆码方式
  - 绘制托盘码放示意图
  - 概括现场5S管理要点

收货检验与理货是物流企业入库作业的开始，是供应商送货与货品入库存储的过渡阶段，起着承前启后的关键作用。它也是后续入库搬运、上架准备阶段的前提，其完成质量不仅决定着入库作业能否正常进行，还关系到整个仓储作业能否顺利进行。整托入库的货物验收完成后可直接搬运上架，零散的货物需进行码盘作业，组盘完成后搬运上架，选择合适的码盘方式理所当然成为重中之重。

1. 任务内容及要求

(1)阅读分析任务所提供的相关资料。

(2)根据资料，正确填写收货检验单。

(3)根据托盘和货物包装规格，设计合理的堆码方式，并完成托盘码放示意图绘制，托盘码放示意图绘制要遵循如下规定：

①用 Word 绘图功能绘制示意图。

②画出托盘码放的主视图、奇数层俯视图和偶数层俯视图。

主视图：指从正前方观察组托货物所绘制的示意图。

俯视图：指从上方观察组托货物所绘制的示意图。

奇数层俯视图：指第 1、3、5……层的货物摆放示意图。

偶数层俯视图：指第 2、4、6……层的货物摆放示意图。

③在图上标出托盘的长、宽尺寸(以 mm 为单位)。

④将托盘上的货物以浅灰色填涂。

⑤托盘码放时，货物包装物边缘不允许超出托盘边缘 20 mm。

(4)概括现场 5S(整理 Seiri，整顿 Seiton，清扫 Seiso，清洁 Seiketsu，素养 Shitsuke)管理的要点。

2. 任务形式及要求

(1)任务采取上机测试的方式。

(2)任务运用 Word 功能填写收货检验单和绘制托盘码放示意图。

(3)仓管员应将答案保存到规定的文件夹里并按规定方式提交。

(4)在完成任务过程中，仓管员可以随时检查或修改已答题目的填制内容。

3. 技术要求

(1)文档格式：能正确设置 Word 文档页面布局。

(2)保存格式：根据任务要求，将文档保存为 PDF 格式。

4. 任务环境

每位仓管员配备一台计算机，用于完成任务的计算机之间不能实现文件共享。

(1)硬件设备。

①服务器配置：CPU(计算机处理器)主频 3 GHz 以上；硬盘空间 300 GB 以上；内存 4 GB

以上。

②客户端配置：CPU 主频 3 GHz 以上；硬盘空间 200 GB 以上；内存 4 GB 以上。

③网络配置：局域网，100 Mbps 带宽，计算机之间不能互传共享文件。

④各实训中心可根据自身实际情况进行相应配置，以便任务能顺利进行。

(2)软件环境。

Windows 7 Professional(中文版)、Microsoft Office 2010(中文版)、五笔输入法、搜狗拼音输入法、智能 ABC 输入法、微软输入法等。

任务 1　收货检验作业

任务描述

创新创业物流有限公司(以下简称创新创业物流)是 SD 省 JN 市一家集仓储、配送于一体的单一性质的第三方物流公司，为客户提供及时准确的优质服务。创新创业物流所用仓库为普通的常温库，所用车辆为普通的厢式货车，其网络业务范围是 SD 省，为其提供仓储、配送等相关物流业务。吴刘是一名中职物流服务与管理专业的学生，在创新创业物流有限公司实习，今天他接到的任务是：以创新创业物流的日常业务为背景，结合客户具体要求和企业管理制度，完成 2023 年 6 月 21 日当天的物流作业任务优化。创新创业物流每天的工作时间为 8：00—17：30。创新创业物流有限公司仓库的基本信息如下：

1. 托盘和货架尺寸

托盘和货架尺寸见表 1-1-1。

表 1-1-1　托盘和货架尺寸

名称	规格要求	数量
托盘货架	横梁式，1 排 10 列 3 层货位，每层的单货位承重均≤500 kg： 第一层 2 450 mm×1 100 mm×1 140 mm(长×宽×高) 第二层 2 450 mm×1 100 mm×1 110 mm(长×宽×高) 第三层 2 450 mm×1 100 mm×1 110 mm(长×宽×高)	若干组
托盘	1 200 mm×1 000 mm×150mm　PVC 托盘 重 20 kg/个	一批
作业净空要求	大于等于 160 mm	

2. 整箱货物基本信息

整箱货物基本信息见表 1-1-2。

表 1-1-2　整箱货物基本信息

序号	货物名称	包装尺寸：长×宽×高/mm	单箱重量[①] /kg	箱装数 /瓶	保质期 /天	允收期 /天
1	农夫山泉饮用天然水 380 mL	520×380×200	9.4	24	360	90
2	农夫山泉饮用天然水 550 mL	460×260×300	15.8	12	360	90
3	农夫山泉饮用天然水 1.5 L	600×500×415	20.1	10	360	90
4	农夫山泉饮用天然水 4 L	600×500×415	23.8	6	360	90
5	农夫山泉饮用天然水 5 L	600×500×415	25.4	4	360	90
6	农夫山泉饮用大然水 19 L	600×500×415	32.7	2	360	90
7	农夫果园 30%混合果蔬橙味 500 mL	330×210×300	15.6	12	180	40
8	农夫果园 30%混合果蔬芒果味 500 mL	330×210×300	15.6	12	180	40
9	农夫果园 30%混合果蔬番茄味 500 mL	330×210×300	15.6	12	180	40
10	农夫果园 30%混合果蔬橙味 1.5 L	600×500×415	20.1	10	180	40
11	农夫果园 30%混合果蔬芒果味 1.5 L	600×500×415	20.1	10	180	40
12	农夫果园 30%混合果蔬番茄味 1.5 L	600×500×415	20.1	10	180	40
13	农夫果园 100%番茄汁 380 mL	300×230×200	9.4	12	180	40
14	农夫果园 100%胡萝卜汁 380 mL	300×230×200	9.4	12	180	40
15	农夫果园 100%橙汁 380 mL	300×230×200	9.4	12	180	40
16	尖叫植物饮料 550 mL	358×242×300	15.8	15	270	70
17	尖叫活性肽运动饮料 550 mL	358×242×300	15.8	15	270	70
18	尖叫纤维饮料 550 mL	358×242×300	15.8	15	270	70
19	水溶 C100 西柚味 445 mL	330×250×300	15.4	12	270	70
20	水溶 C100 柠檬味 445 mL	330×250×300	15.4	12	270	70
21	水溶 C100 青皮桔味 445 mL	330×250×300	15.4	12	270	70

按照创新创业物流有限公司的采购要求入库（见表 1-1-3 入库通知单），完成入库审单作业。

① kg 应为质量单位，本书按照物流行业惯用法，用“重量”表示“质量”。

表 1-1-3　入库通知单

客户名称：贸易公司　　入库库房：创新创业物流有限公司仓库

入库通知单号：20230621R01　　预计入库时间：2023. 06. 21 8：00

序号	货物名称	数量/箱	重量/kg	包装尺寸：长×宽×高/mm	生产日期
1	水溶 C100 西柚味 445 mL	56	15. 4	330×250×300	20230413
2	尖叫植物饮料 550 mL	39	15. 8	358×242×300	20230417
3	农夫果园 100%橙汁 380 mL	85	9. 4	300×230×200	20230605
4	农夫山泉饮用天然水 550 mL	54	15. 8	460×260×300	20230511
5	农夫山泉饮用天然水 5 L	16	25. 4	600×500×415	20230511
6	农夫果园 30%混合果蔬芒果味 500 mL	64	15. 6	330×210×300	20230511
7	农夫果园 100%番茄汁 380 mL	51	9. 4	300×230×200	20230605
8	农夫果园 30%混合果蔬芒果味 1. 5 L	28	20. 1	600×500×415	20230512
9	农夫果园 100%胡萝卜汁 380 mL	51	9. 4	300×230×200	20230605
10	农夫山泉饮用天然水 380 mL	40	9. 4	520×380×200	20230511
11	农夫果园 30%混合果蔬橙味 1. 5 L	56	20. 1	600×500×415	20230512
12	尖叫活性肽运动饮料 550 mL	65	15. 8	358×242×300	20230417
13	农夫山泉饮用天然水 1. 5 L	16	20. 1	600×500×415	20230511
14	水溶 C100 青皮桔味 445 mL	56	15. 4	330×250×300	20230411
15	农夫果园 30%混合果蔬橙味 500 mL	64	15. 6	330×210×300	20230513
16	农夫山泉饮用天然水 4 L	28	23. 8	600×500×415	20230511
17	尖叫纤维饮料 550 mL	39	15. 8	358×242×300	20230417
18	农夫果园 30%混合果蔬番茄味 1. 5 L	28	20. 1	600×500×415	20230510
19	水溶 C100 柠檬味 445 mL	56	15. 4	330×250×300	20230412
20	农夫山泉饮用天然水 19L	28	32. 7	600×500×415	20230511
21	农夫果园 30%混合果蔬番茄味 500 mL	64	15. 6	330×210×300	20230513
22	思念黑芝麻汤圆(该货物需冷冻)	20	25. 5	600×500×500	20230527
23	思念花生汤圆(该货物需冷冻)	20	25. 5	600×500×500	20230527

知识准备

仓库按储存条件可分为常温库、恒温库、冷库等。

1. 常温库

大部分库房是常温库，它能保证安全，保持基本的通风、避免大量阳光直射，不提供温度、湿度控制设备。

这类仓库能保证常规货物的存储需求，服装鞋帽、电子设备、美妆日化等均可满足，在无特殊要求情况下，大部分货物都保存在常温库里。

2. 恒温库

常见的恒温库会将温度保持在8℃～15℃，花卉蔬果、医药、电子设备等均有恒温保存的需求。

恒温库在建造时面积一般不会太大，以几百平方米、几千平方米为多，外部较常温库多了保温材料的设计，内部采用温控设备调节温度，并设置温度观测点，温度高了就制冷，温度低了就加热。这类仓库冬暖夏凉，一般采用风冷技术(冷风机)保持库内温度，也有采用水冷的，水冷技术成本与效果较风冷好。

3. 冷库

食品、乳制品、肉制品、水产、医药等均需要在不同温度中保存，保存这类产品的库房统称为冷库。制冷原理可以简单理解为巨大的冰箱。因不同货物所需制冷温度不同，冷库也需要进行进一步的细分。冷库从0℃、-18℃到-28℃均有，超低温冷库可以做到-105℃。例如水产类，常规冻鱼储存在-18℃，而金枪鱼则是保存在-60℃～-55℃。

箱装数，是指包装箱内最多能够容纳的货物的数量。

允收期，是指仓库进货日期距离该货品生产日期的最长期限。

任务实施

步骤一：认真阅读创新创业物流有限公司仓库基本信息(见表1-1-1、表1-1-2)，以及入库通知单(见表1-1-3)，根据任务描述中的物流公司介绍及其仓库基本信息，判断入库通知单上的货物是否入库，并完成入库审单作业(见表1-1-4)。

表1-1-4　入库审单作业的入库通知单

客户名称：贸易公司　　　　入库库房：创新创业物流有限公司仓库

入库通知单号：20230621R01　　　　预计入库时间：2023.06.21 8：00

序号	货物名称	数量/箱	重量/kg	包装尺寸：长×宽×高/mm	生产日期
1	水溶C100西柚味445 mL	56	15.4	330×250×300	20230413
2	尖叫植物饮料550 mL	39	15.8	358×242×300	20230417
3	农夫果园100%橙汁380 mL	85	9.4	300×230×200	20230605

续表

序号	货物名称	数量/箱	重量/kg	包装尺寸：长×宽×高/mm	生产日期
4	农夫山泉饮用天然水 550 mL	54	15.8	460×260×300	20230511
5	农夫山泉饮用天然水 5 L	16	25.4	600×500×415	20230511
6	农夫果园 30%混合果蔬芒果味 500 mL	64	15.6	330×210×300	20230511
7	农夫果园 100%番茄汁 380 mL	51	9.4	300×230×200	20230605
8	农夫果园 30%混合果蔬芒果味 1.5 L	28	20.1	600×500×415	20230512
9	农夫果园 100%胡萝卜汁 380 mL	51	9.4	300×230×200	20230605
10	农夫山泉饮用天然水 380 mL	40	9.4	520×380×200	20230511
11	农夫果园 30%混合果蔬橙味 1.5 L	56	20.1	600×500×415	20230512
12	尖叫活性肽运动饮料 550 mL	65	15.8	358×242×300	20230417
13	农夫山泉饮用天然水 1.5 L	16	20.1	600×500×415	20230511
14	水溶 C100 青皮桔味 445 mL	56	15.4	330×250×300	20230411
15	农夫果园 30%混合果蔬橙味 500 mL	64	15.6	330×210×300	20230513
16	农夫山泉饮用天然水 4 L	28	23.8	600×500×415	20230511
17	尖叫纤维饮料 550 mL	39	15.8	358×242×300	20230417
18	农夫果园 30%混合果蔬番茄味 1.5 L	28	20.1	600×500×415	20230510
19	水溶 C100 柠檬味 445 mL	56	15.4	330×250×300	20230412
20	农夫山泉饮用天然水 19L	28	32.7	600×500×415	20230511
21	农夫果园 30%混合果蔬番茄味 500 mL	64	15.6	330×210×300	20230513
22	思念黑芝麻汤圆(该货物需冷冻)	20	25.5	600×500×500	20230527
23	思念花生汤圆(该货物需冷冻)	20	25.5	600×500×500	20230527

步骤二：编制收货检验单，见表 1-1-5。

表 1-1-5　收货检验单

序号	货物名称	数量/箱	是否入库	不入库原因
1	水溶 C100 西柚味 445 mL	56	是	
2	尖叫植物饮料 550 mL	39	是	
3	农夫果园 100%橙汁 380 mL	85	是	
4	农夫山泉饮用天然水 550 mL	54	是	
5	农夫山泉饮用天然水 5 L	16	是	

续表

序号	货物名称	数量/箱	是否入库	不入库原因
6	农夫果园 30%混合果蔬芒果味 500 mL	64	否	超过允收期
7	农夫果园 100%番茄汁 380 mL	51	是	
8	农夫果园 30%混合果蔬芒果味 1.5 L	28	是	
9	农夫果园 100%胡萝卜汁 380 mL	51	是	
10	农夫山泉饮用天然水 380 mL	40	是	
11	农夫果园 30%混合果蔬橙味 1.5 L	56	是	
12	尖叫活性肽运动饮料 550 mL	65	是	
13	农夫山泉饮用天然水 1.5 L	16	是	
14	水溶 C100 青皮桔味 445 mL	56	否	超过允收期
15	农夫果园 30%混合果蔬橙味 500 mL	64	是	
16	农夫山泉饮用天然水 4 L	28	是	
17	尖叫纤维饮料 550 mL	39	是	
18	农夫果园 30%混合果蔬番茄味 1.5 L	28	否	超过允收期
19	水溶 C100 柠檬味 445 mL	56	是	
20	农夫山泉饮用天然水 19L	28	是	
21	农夫果园 30%混合果蔬番茄味 500 mL	64	是	
22	思念黑芝麻汤圆	20	否	该货物需冷冻
23	思念花生汤圆	20	否	该货物需冷冻

步骤三：编制入库单，见表 1-1-6，完成入库货物的检验工作。

表 1-1-6　入库单

客户名称：贸易公司　　　　入库库房：创新创业物流有限公司仓库

入库通知单号：20230621R01　　　预计入库时间：2023.06.21 8：00

序号	货物名称	数量/箱	重量/kg	包装尺寸：长×宽×高/mm	生产日期	验货情况
1	水溶 C100 西柚味 445 mL	56	15.4	330×250×300	20230413	正常
2	尖叫植物饮料 550 mL	39	15.8	358×242×300	20230417	正常
3	农夫果园 100%橙汁 380 mL	85	9.4	300×230×200	20230605	正常
4	农夫山泉饮用天然水 550 mL	54	15.8	460×260×300	20230511	正常
5	农夫山泉饮用天然水 5 L	16	25.4	600×500×415	20230511	正常

续表

序号	货物名称	数量/箱	重量/kg	包装尺寸：长×宽×高/mm	生产日期	验货情况
6	农夫果园 100%番茄汁 380 mL	51	9.4	300×230×200	20230605	正常
7	农夫果园 30%混合果蔬芒果味 1.5 L	28	20.1	600×500×415	20230512	正常
8	农夫果园 100%胡萝卜汁 380 mL	51	9.4	300×230×200	20230605	正常
9	农夫山泉饮用天然水 380 mL	40	9.4	520×380×200	20230511	正常
10	农夫果园 30%混合果蔬橙味 1.5 L	56	20.1	600×500×415	20230512	正常
11	尖叫活性肽运动饮料 550 mL	65	15.8	358×242×300	20230417	正常
12	农夫山泉饮用天然水 1.5 L	16	20.1	600×500×415	20230511	正常
13	农夫果园 30%混合果蔬橙味 500 mL	64	15.6	330×210×300	20230513	正常
14	农夫山泉饮用天然水 4 L	28	23.8	600×500×415	20230511	正常
15	尖叫纤维饮料 550 mL	39	15.8	358×242×300	20230417	正常
16	水溶 C100 柠檬味 445 mL	56	15.4	330×250×300	20230412	正常
17	农夫山泉饮用天然水 19L	28	32.7	600×500×415	20230511	正常
18	农夫果园 30%混合果蔬番茄味 500 mL	64	15.6	330×210×300	20230513	正常

任务评价

请完成收货检验作业任务评价表(见表 1-1-7)。

表 1-1-7　收货检验作业任务评价表

内容	评价任务	要素说明	分值	自评	他评	师评	合计
知识与技能	会分析案例 完成入库审单作业	判断入库通知单上货物是否入库，完成入库审单作业	40				
	编制收货检验单	按任务要求编制收货检验单	30				
	编制入库单，完成入库货物的检验工作	按任务编制入库单	30				
过程与方法	积极参与，态度端正，互助合作		100				
情感、态度、价值观	树立敬业精神、劳动意识 培养专心致志的精神以及精益求精的工匠精神		100				
合计	职业素养		300				

实训任务描述

位于 SD 省 JN 市的明湖物流有限公司(以下简称明湖物流)是一家第三方物流公司，主营业务是仓储与配送。该公司成立于 2005 年 4 月，其经营目标是为客户提供及时准确的优质仓储配送服务。明湖物流所用仓库为普通的常温库，存储区由托盘货架组成，分拣区由智能搬运机器人(Automated Guided Vehicle，AGV)货到人货架组成。

明湖物流所用车辆为普通的厢式货车，其网络业务范围仅局限在 SD 省潍坊市、SD 省 JN 市历下区和 SD 省烟台市福山区，为以上地区提供仓储、配送等相关物流业务。

作业任务优化以明湖物流的日常业务为背景，结合客户具体要求和企业管理制度，模拟完成 2023 年 12 月 4 日当天的物流作业任务优化。明湖物流每天的工作时间为 8：00—17：30。

1. 托盘和货架尺寸

明湖物流仓库的货架为横梁式货架，1 排 10 列 3 层货位，每层的单货位承重均为 500 kg。

第一层 2 450 mm×1 100 mm×1 140 mm(长×宽×高)

第二层 2 450 mm×1 100 mm×1 110 mm(长×宽×高)

第三层 2 450 mm×1 100 mm×1 110 mm(长×宽×高)

托盘质量是 20 kg/个，托盘规格为 1 200 mm×1 000 mm×150 mm；作业净空要求不小于 160 mm。

2. 整箱货物基本信息(见表 1-1-8)

表 1-1- 8 整箱货物基本信息

序号	货物名称	包装尺寸：长×宽×高/mm	单位	保质期/天	允收期/天	箱装数
1	银鹭好粥道莲子玉米	520×380×200	箱	360	90	12
2	银鹭好粥道薏仁红豆	460×260×300	箱	360	90	12
3	银鹭好粥道黑米粥	600×500×415	箱	360	90	12
4	银鹭好粥道椰奶燕麦粥	600×500×415	箱	360	90	12
5	银鹭桂圆莲子八宝粥	600×500×415	箱	360	90	12
6	伊利金典纯奶	600×500×200	箱	360	90	12
7	伊利纯奶	600×400×300	箱	180	40	24
8	蒙牛高钙低脂奶	330×210×300	箱	180	40	24
9	蒙牛早餐奶巧克力味	358×242×300	箱	180	40	24
10	QQ 星儿童乳饮品草莓味	350×230×300	箱	180	40	24
11	QQ 星儿童乳饮品原味	600×500×415	箱	180	40	24
12	QQ 星儿童乳饮品冰淇淋味	600×500×415	箱	180	40	24

续表

序号	货物名称	包装尺寸：长×宽×高/mm	单位	保质期/天	允收期/天	箱装数
13	QQ 星儿童乳饮品菠萝味	600×500×200	箱	180	40	24
14	蒙牛纯甄牛奶	300×230×200	箱	180	40	24
15	蒙牛早餐奶麦香	300×230×200	箱	180	40	24
16	蒙牛早餐奶红枣味	358×242×300	箱	270	70	24
17	蒙牛早餐奶核桃味	358×242×300	箱	270	70	24
18	维他奶黑豆味	358×242×300	箱	270	70	16
19	维他奶原味	265×210×300	箱	270	70	16
20	美年达听装橙味	600×400×300	箱	270	60	24
21	美年达听装百事	330×250×300	箱	270	60	24

按照明湖物流有限公司的采购入库（见表 1-1-9 入库通知单）要求和货品信息（见表 1-1-10、表 1-1-11），完成入库审单作业。

表 1-1-9　入库通知单

客户名称：贸易公司　　入库库房：明湖物流有限公司仓库

入库通知单号：20231204R01　　预计入库时间：2023. 12. 04 8：00

序号	货物名称	数量/箱	生产日期
1	维他奶原味	38	20231122
2	蒙牛早餐奶麦香	88	20231115
3	蒙牛早餐奶核桃味	57	20231126
4	维他奶黑豆味	52	20231126
5	QQ 星儿童乳饮品冰淇淋味	16	20231119
6	蒙牛高钙低脂奶	10	20231120
7	蒙牛早餐奶红枣味	39	20231126
8	银鹭好粥道椰奶燕麦粥	50	20231011
9	银鹭好粥道莲子玉米	35	20231011
10	蒙牛早餐奶巧克力味	105	20231122
11	蒙牛纯甄牛奶	51	20231115
12	美年达听装百事	146	20231120
13	银鹭好粥道薏仁红豆	99	20231011
14	银鹭好粥道黑米粥	16	20231011

续表

序号	货物名称	数量/箱	生产日期
15	伊利金典纯奶	78	20231011
16	伊利纯奶	64	20231122
17	QQ 星儿童乳饮品菠萝味	90	20231115
18	美年达听装橙味	20	20231004
19	QQ 星儿童乳饮品原味	24	20231121
20	QQ 星儿童乳饮品草莓味	20	20231022
21	银鹭桂圆莲子八宝粥	14	20231011
22	简醇低温酸奶	10	20231011
23	简爱低温酸奶	20	20231011

表 1-1-10　货品信息

序号	货品条码	货品名称	单位	重量/kg
1	6926892565189	银鹭好粥道莲子玉米	罐	0. 5
2	6926892567183	银鹭好粥道薏仁红豆	罐	0. 5
3	6926892566186	银鹭好粥道黑米粥	罐	0. 5
4	6926892568180	银鹭好粥道椰奶燕麦粥	罐	0. 5
5	6926892521482	银鹭桂圆莲子八宝粥	罐	0. 5
6	6907992507385	伊利金典纯奶	盒	0. 4
7	6907992502052	伊利纯奶	盒	0. 4
8	6923644240417	蒙牛高钙低脂奶	盒	0. 4
9	6923644241735	蒙牛早餐奶巧克力味	盒	0. 4
10	6907992507613	QQ 星儿童乳饮品草莓味	盒	0. 4
11	6907992507651	QQ 星儿童乳饮品原味	盒	0. 4
12	6907992509808	QQ 星儿童乳饮品冰淇淋味	盒	0. 4
13	6907992509617	QQ 星儿童乳饮品菠萝味	盒	0. 4
14	6923644278595	蒙牛纯甄牛奶	盒	0. 5
15	6923644278847	蒙牛早餐奶麦香	盒	1
16	6923644278878	蒙牛早餐奶红枣味	盒	0. 5
17	6923644278939	蒙牛早餐奶核桃味	盒	1
18	4891028703266	维他奶黑豆味	盒	0. 5

续表

序号	货品条码	货品名称	单位	重量/kg
19	4891028703242	维他奶原味	盒	0. 5
20	6924862101849	美年达听装橙味	听	0. 4
21	6924862101825	美年达听装百事	听	0. 4

表 1-1-11　货品信息

序号	货物名称	包装尺寸：长×宽×高/mm	箱装数
1	银鹭好粥道莲子玉米	520×380×200	12
2	银鹭好粥道薏仁红豆	460×260×300	12
3	银鹭好粥道黑米粥	600×500×415	12
4	银鹭好粥道椰奶燕麦粥	600×500×415	12
5	银鹭桂圆莲子八宝粥	600×500×415	12
6	伊利金典纯奶	600×500×200	12
7	伊利纯奶	600×400×300	24
8	蒙牛高钙低脂奶	330×210×300	24
9	蒙牛早餐奶巧克力味	358×242×300	24
10	QQ 星儿童乳饮品草莓味	350×230×300	24
11	QQ 星儿童乳饮品原味	600×500×415	24
12	QQ 星儿童乳饮品冰淇淋味	600×500×415	24
13	QQ 星儿童乳饮品菠萝味	600×500×200	24
14	蒙牛纯甄牛奶	300×230×200	24
15	蒙牛早餐奶麦香	300×230×200	24
16	蒙牛早餐奶红枣味	358×242×300	24
17	蒙牛早餐奶核桃味	358×242×300	24
18	维他奶黑豆味	358×242×300	16
19	维他奶原味	265×210×300	16
20	美年达听装橙味	600×400×300	24
21	美年达听装百事	330×250×300	24

实训报告

请完成收货检验作业实训报告(见表 1-1-12)。

表 1-1-12　收货检验作业实训报告

姓名		学号	
专业		班级	
实训日期		指导教师	
实训项目			
实训步骤： 步骤一： 步骤二： 步骤三：			
实训收获及反思：			

任务 2　设计绘制堆码示意图

任务描述

创新创业物流有限公司是 SD 省 JN 市一家集仓储、配运于一体的单一性质的第三方物流公司，为客户提供及时准确的优质服务。吴刘是一名中职物流服务与管理专业的学生，在创新创业物流有限公司实习，今天他接到的任务是：

用 Word 绘图功能绘制当日入库货物中“农夫山泉饮用天然水 380 mL”和“农夫果园 30%混合果蔬番茄味 500 mL”的组托示意图。

要求：画出堆码的奇数层俯视图和偶数层俯视图，并在图上标出托盘和纸箱的长、宽尺寸，以 mm 为单位。（若入库货物组托数大于一托，则选择数量最多的一托绘制。）

知识准备

常用的托盘堆码方式主要有四种，如图 1-2-1 所示。

1. 重叠式堆码

重叠式堆码是指各层码放方式相同、上下对齐、层与层之间不交错的堆码方式。该方式具有操作简单、操作速度快、四个角边重叠垂直、承压能力大等优点。但这种堆码方式层与层之间缺少咬合，稳定性差，容易发生塌垛，只适用于货物底面积较大的情况及自动装盘操作。

2. 正反交错式堆码

正反交错式堆码是指同一层中，不同列货物成 90°垂直码放，相邻两层货物旋转 180°码放的堆码方式。该方式不同层间咬合强度较高，相邻层次之间不重缝，稳定性较高。但操作较麻烦，人工操作速度慢，包装体之间不是垂直面相互承受载荷，所以货垛下部货物容易被压坏，适用于稳定性要求较高但箱层不高的较为贵重的货物。

3. 纵横交错式堆码

纵横交错式堆码是指相邻两层货物的摆放旋转 90°，一层横向放置，另一层纵向放置，层与层之间交错堆码的方式。该方式层与层之间有一定的咬合效果，稳定性比重叠式堆码好，但其咬合强度不够，稳定性不足，只适用于长箱装货物及自动装盘操作。

4. 旋转交错式堆码

旋转交错式堆码是指第一层相邻两边的包装箱都互成 90°，两层之间的堆码旋转 180°的堆码方式。该方式相邻两层之间咬合交叉，托盘货物稳定性较高，不易塌垛。但堆码难度大，中间形成空穴，降低了托盘利用率，适用于对稳定性要求较高的箱装货物。

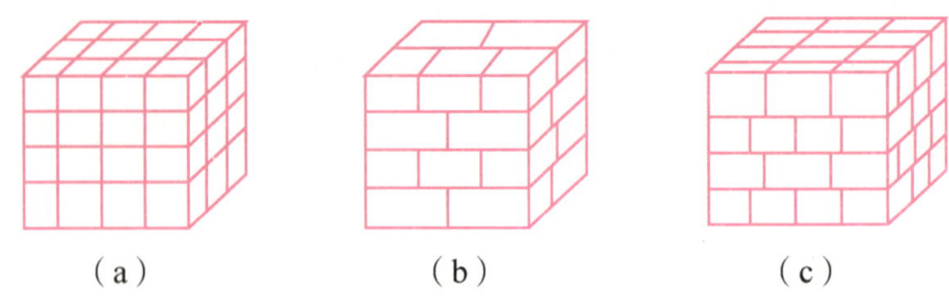

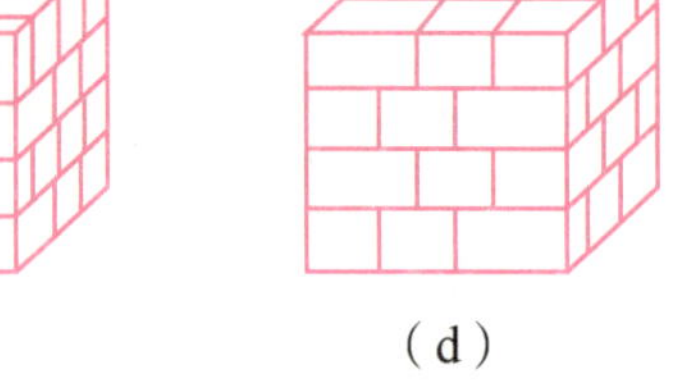

图 1-2-1　常用的四种托盘堆码方式

（a）重叠式；（b）正反交错式；（c）纵横交错式；（d）旋转交错式

任务实施

1. 绘制“农夫山泉饮用天然水 380 mL”的组托示意图

步骤一：绘制托盘及农夫山泉饮用天然水 380 mL 520 mm×380 mm×200 mm 货物俯视示意图，如图 1-2-2、图 1-2-3 所示。

图 1-2-2　托盘

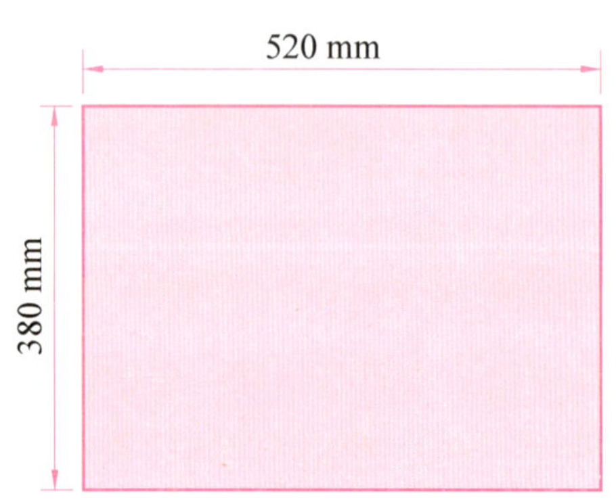

图 1-2-3　农夫山泉饮用天然水 380 mL 520 mm×380 mm×200 mm 货物俯视示意图

步骤二：选择合适的托盘堆码方式：正反交错式。

步骤三：画出堆码的奇数层俯视图，见图 1-2-4。

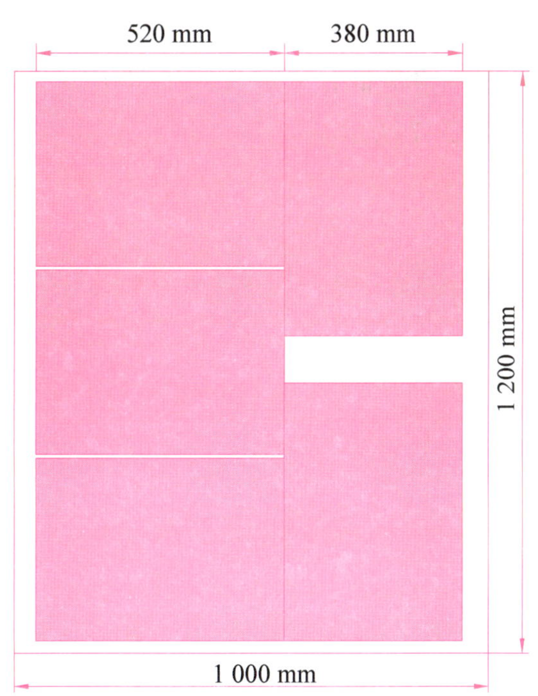

图 1-2-4　农夫山泉饮用天然水 380 mL 520 mm×380 mm×200 mm 货物奇数层俯视图

步骤四：画出堆码的偶数层俯视图，见图 1-2-5。

图 1-2-5　农夫山泉饮用天然水 380 mL 520 mm×380 mm×200 mm 货物偶数层俯视图

2. 绘制“农夫果园 30%混合果蔬番茄味 500 mL”的组托示意图

步骤一：绘制托盘及农夫果园 30%混合果蔬番茄味 500 mL 330 mm×210 mm×300 mm 货物俯视示意图，如图 1-2-6、图 1-2-7 所示。

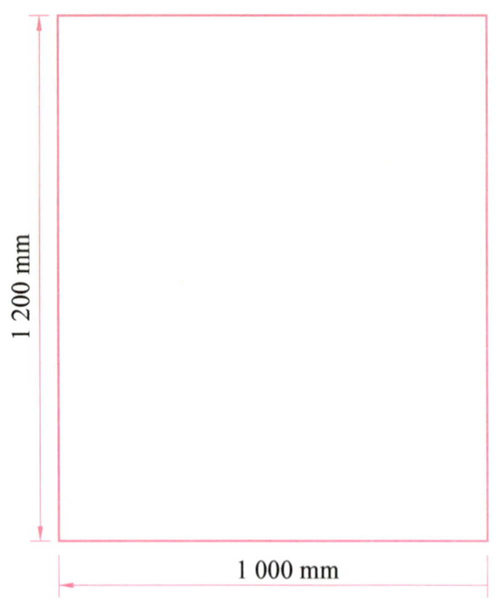

图 1-2-6　托盘

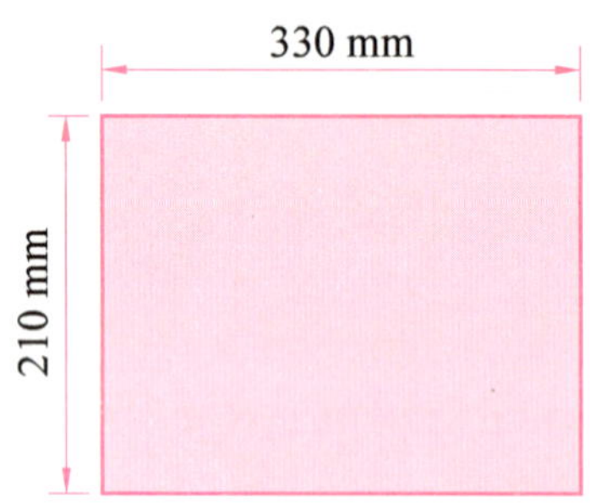

图 1-2-7　农夫果园 30%混合果蔬番茄味 500 mL 330 mm×210 mm×300 mm 货物俯视示意图

步骤二：选择合适的托盘堆码方式：重叠式。

步骤三：画出堆码的奇数层俯视图，见图 1-2-8。

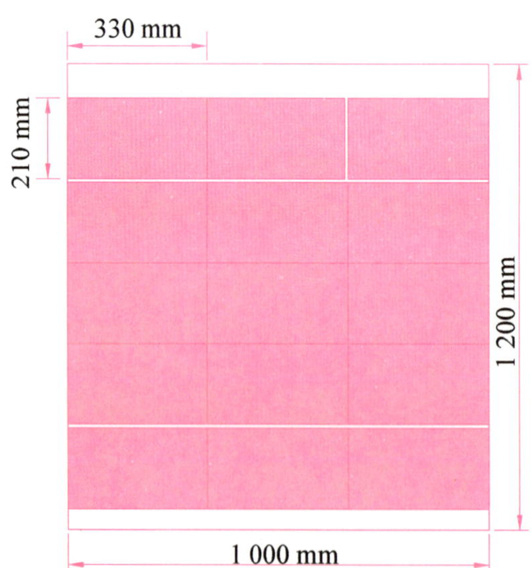

图 1-2-8　农夫果园 30%混合果蔬番茄味 500 mL 330 mm×210 mm×300 mm 货物奇数层俯视图

步骤四：画出堆码的偶数层俯视图，见图 1-2-9。

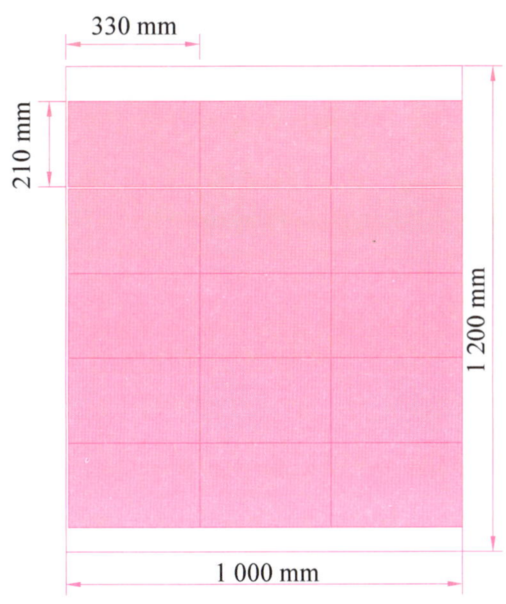

图 1-2-9　农夫果园 30%混合果蔬番茄味 500 mL 330 mm×210 mm×300 mm 货物偶数层俯视图

任务评价

请完成设计绘制堆码示意图评价表(见表 1-2-1)。

表 1-2-1　设计绘制堆码示意图评价表

(1. 绘制“农夫山泉饮用天然水 380 mL”的组托示意图)

内容	评价任务	要素说明	分值	自评	他评	师评	合计
知识与技能	绘制托盘及农夫山泉饮用天然水 380 mL 520 mm×380 mm×200 mm 货物俯视示意图	画出堆码的奇数层俯视图和偶数层俯视图，并在图上标出托盘和纸箱的长、宽尺寸，以 mm 为单位 (若入库货物组托数大于一托，则选择数量最多的一托绘制)	20				
	选择合适的托盘堆码方式：正反交错式		30				
	画出堆码的奇数层俯视图		25				
	画出堆码的偶数层俯视图		25				
过程与方法	积极参与，态度端正，互助合作		100				
情感、态度、价值观	树立敬业精神、劳动意识 培养专心致志的精神以及精益求精的工匠精神		100				
合计	职业素养		300				

（2. 绘制“农夫果园 30%混合果蔬番茄味 500 mL”的组托示意图）

<table>
<tr><th>内容</th><th>评价任务</th><th>要素说明</th><th>分值</th><th>自评</th><th>他评</th><th>师评</th><th>合计</th></tr>
<tr><td rowspan="4">知识与技能</td><td>绘制托盘及农夫果园 30%混合果蔬番茄味 500 mL 330 mm×210 mm×300 mm 货物俯视示意图</td><td rowspan="4">画出堆码的奇数层俯视图和偶数层俯视图，并在图上标出托盘和纸箱的长、宽尺寸，以 mm 为单位
（若入库货物组托数大于一托，则选择数量最多的一托绘制）</td><td>20</td><td></td><td></td><td></td><td></td></tr>
<tr><td>选择合适的托盘堆码方式：重叠式</td><td>30</td><td></td><td></td><td></td><td></td></tr>
<tr><td>画出堆码的奇数层俯视图</td><td>25</td><td></td><td></td><td></td><td></td></tr>
<tr><td>画出堆码的偶数层俯视图</td><td>25</td><td></td><td></td><td></td><td></td></tr>
<tr><td>过程与方法</td><td colspan="2">积极参与，态度端正，互助合作</td><td>100</td><td></td><td></td><td></td><td></td></tr>
<tr><td>情感、态度、价值观</td><td colspan="2">树立敬业精神、劳动意识
培养专心致志的精神以及精益求精的工匠精神</td><td>100</td><td></td><td></td><td></td><td></td></tr>
<tr><td>合计</td><td colspan="2">职业素养</td><td>300</td><td></td><td></td><td></td><td></td></tr>
</table>

实训任务描述

明湖物流有限公司是 SD 省 JN 市一家集仓储、配运于一体的单一性质的第三方物流公司，为客户提供及时准确的优质服务。吴刘是一名中职物流服务与管理专业的学生，在明湖物流有限公司实习，今天他接到的任务是：

用 Word 绘图功能绘制任务 1 中当日入库货物中“维他奶原味”俯视示意图，如图 1-2-10 所示。

要求：画出堆码的奇数层俯视图和偶数层俯视图，并在图上标出托盘和纸箱的长、宽尺寸，以 mm 为单位，优先使用旋转交错方法。（若入库货物组托数大于一托，则选择数量最多的一托绘制。）

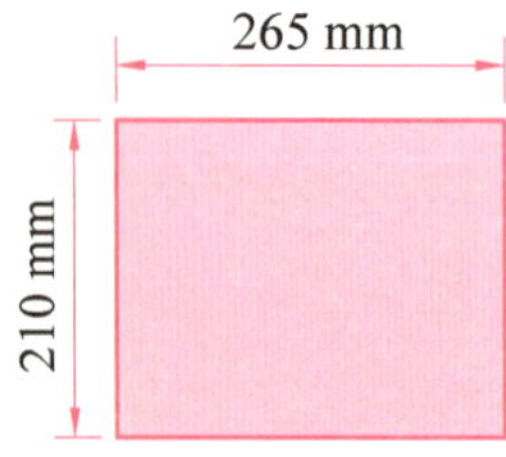

图 1-2-10 “维他奶原味”俯视示意图

实训报告

请完成设计绘制堆码示意图实训报告(见表1-2-2)。

表1-2-2　设计绘制堆码示意图实训报告

姓名		学号	
专业		班级	
实训日期		指导教师	
实训项目			
实训步骤： 步骤一： 步骤二：			
实训收获及反思：			

任务 3 现场 5S 管理

任务描述

创新创业物流有限公司是 SD 省 JN 市一家集仓储、配运于一体的单一性质的第三方物流公司，为客户提供及时准确的优质服务。吴刘是一名中职物流服务与管理专业的学生，在创新创业物流有限公司实习。为了使公司更好地生存与发展，从现在开始，公司进行现场 5S 管理。

5S 管理的具体内容包括：对仓储的工作现场(有关的办公场所、库房区域等均适用)进行整理、整顿，保持生产设施处于清洁、整齐、有序的状态，并持续不断地改进工作环境的条件，以提高员工的工作积极性和工作效率，为确保项目质量创造条件。

知识准备

工作环境：指对仓储质量有影响的周围条件，包括作业人员的态度、举止、能力。

仓库环境：指对库区与库房的维护，灯光照明、噪声、通风、电器装置的控制，以及与仓储维护有关的安全事项。

5S 指的是：整理、整顿、清扫、清洁、素养。

整理：将办公场所和工作现场中的物品、设备清楚地区分为需要品和不需要品，对需要品进行妥善保管，对不需要品则进行处理或报废。

整顿：将需要品依据所规定的定位、定量等方式摆放整齐，并明确地对其予以标识，使寻找需要品的时间减少为零。

清扫：将办公场所和作业现场的工作环境打扫干净，使其保持在无垃圾、无灰尘、无脏污、干净整洁的状态，并防止其被污染。

清洁：将整理、整顿、清扫的实施做法进行到底且维持其成果，并对其实施做法予以标准化、制度化。

素养：将“以人为本”为出发点，通过整理、整顿、清扫、清洁等合理化的改善活动，培养上下一体的共同管理语言，使全体人员养成守标准、守规定的良好习惯，进而促进管理水平的全面提升。

任务实施

步骤一：确认职责范围。

(1) 各部门/班组负责：作业现场和办公区域等工作环境的维护与管理。

(2) 质量安全小组负责：对作业现场、办公区域等工作环境的检查和监督。

步骤二：划分责任区域。

(1) 明确现场管理原则。

使作业现场的一切物品都有区(位)；一切区域都有标识；一切设施的用途和状态都明确；一切不安全因素都要排除，达到 5S 管理的要求。

(2) 划分责任区域。

为提高工作效率，做到人人有事做、事事有人管，区域清楚、责任明确，就要对责任区域进行划分。划分要注意以下几点：

①方便、就近——如某一员工一天大部分时间在哪个区域工作，哪个区域就应该划分给他，这样不但方便他日常的 5S 活动，也不影响他正常的工作。

②明确、清晰——必须责任明确，区域划分清晰。

③无遗漏——即“事事有人管”。

④避免形式主义——对制定的责任区的责任要做到有人监督，制定相应的考核、奖罚制度。

(3) 制作责任卡。

以表 1-3-1 工作区域责任卡为例(具体责任卡制定由各部门或班组进行)，按各自管辖区域，以班组为单位，将每个地方、每件物品(或一些物品)、每件事进行责任分工，分工要细化到人头。

表 1-3-1　工作区域责任卡

<table>
<tr><th colspan="4">5S 工作区域责任卡</th></tr>
<tr><td>责任区域</td><td></td><td>区域负责人</td><td></td></tr>
<tr><td>责任项目</td><td>实施人</td><td colspan="2">要求</td></tr>
<tr><td>区域卫生</td><td></td><td colspan="2">工作台、地面干净、整洁</td></tr>
<tr><td>工具、工装存放</td><td></td><td colspan="2">将使用的工具、工装按照要求存放</td></tr>
<tr><td>设备存放</td><td></td><td colspan="2">设备使用后存放在指定位置并清洁</td></tr>
<tr><td>……</td><td>……</td><td colspan="2">……</td></tr>
</table>

步骤三：清扫作业现场。

清扫作业现场，达到作业现场的环境要求。

库房内地面保持洁净、无尘、无杂物，光滑没有积水，没有散落的杂物或物料。地面区域线清晰无剥落，两侧物品不压线。库房内墙壁和门窗上没有电线、残缺的宣传标语等废弃物，要保持洁净无尘；窗台上无杂物；墙壁上无蜘蛛网。库房内没有闲置或不能使用的推车、机器、设备、工装、物品等。所有消防器材和器具完好、整洁，集中摆放在显眼位置以方便拿取；所有开关通道、消防通道、安全门、安全通道、走火通道、防火隔离带、灭火器、消火栓前方一律随时保持畅通，没有堆放物料或受阻现象。仓库设备和周转盛具有编号管制，摆放整齐、拿取方便；设备(如叉车)管理做到整齐、润滑、安全，周身保持清洁，能体现其原本面貌；设备周围地面无灰尘、油污或积水，切屑及时清除，指示仪表清洁明亮，润滑部位按时加油。货架上下和物资堆垛无积尘或杂物等。凡是经主管部门认定为废弃无用的物品要进行彻底清除，不得让残留占据空间、场地，影响观瞻；凡正常使用的设施要保持洁净，损坏的要及时修补，明确责任人、监督人。库房没有“死角”或凌乱不堪的地方。

步骤四：定置作业现场。

(1)编制仓库定置图，指示方向为上北、下南、左西、右东。标出其主体部分名称，包括收货区、暂存区、发货区、货架区域、设备、通道、工具箱、更衣室、垃圾箱、工装架、固定工位使用的器具或用具、消防器材、电器、电源开关及办公区域位置。不用标出库房内部生产班组的具体位置。

(2)将库房定置图上所有物料应有状态特性的卡片，按规定定置在指定货架位置。

(3)用计算机彩色制版库房定置图，并以展板形式固定在墙上。

(4)现场内可移动物品全部按规定区域摆放，并画线定置，包含叉车、拉车、铲车、垃圾篓、工作台、材料架、标志牌等。

(5)制作经常移动的物品的文字说明标志，并放置在托板上以便移动。标志朝向使用者易于观察的方向。

步骤五：作业现场各种区域定置标识。

用彩色油漆标识区域线。区域线线宽：40～50 mm，宽度应尽量统一。按物品状态，在定置区域明显部位喷涂同区域颜色对应的实体方框，喷字颜色为白色，字体为黑体，方框大小可视字体多少各库房内部统一。货架颜色要按产品状态配置。

(1)用白色标识作业现场收货区、暂存区、发货区、工具箱、台、架、桌椅、推车、地面等。

(2)用黄色标识作业现场放置的待处理品和作业现场与生产关系不紧密的物品。例如，清扫工具、临时存放的包装物品等。

(3) 用红色标识作业现场放置防火器材的地面。

(4) 用黑色标识工作现场放置废品箱和垃圾箱的地面。

步骤六：设置、设立标识与看板。

在仓库进出区域、办公区域、作业区域、货架等处，设置明显的警示、指示标识。

在办公区域以及作业区域设立相关的看板。

步骤七：规范员工行为。

1. 工作前

(1) 所有人员按时出勤，依规定穿戴好工作衣帽及劳保防护用品，佩戴工作证。女员工发辫盘在帽内，不能穿高跟鞋和裙子。男员工不能赤膊和穿拖鞋。保持衣着整齐、仪表端庄。

(2) 环视检查整个现场，清理通道区摆放的所有物品，保持通道畅通。

(3) 将所有物料、工具按指定地方摆放；检查设备、工具、文件、单证，保证摆放整齐，无故障、无灰尘；保证整个现场宽敞、明亮、整洁、井然有序，创造一个良好的工作环境。

2. 工作中

(1) 按作业规范进行各项操作，不能串岗、换岗。禁止违章作业，防止造成人身伤害。

(2) 在工作岗位上不大声谈笑和唱歌，不吃零食，不能用手机聊天，禁止在生产现场与他人争执，打架斗殴。

(3) 有事先请假，上级领导同意后方可离岗，不擅自离岗。

(4) 禁止酒后上班，禁止上班时干与工作无关的事情。禁止偷盗公司或他人任何财物。

3. 下班前

(1) 对整个现场进行检查，从地板到墙面再到所有物料、工具，检查是否干净、整洁，对不符合规定的地方及时纠正，保持整个现场整齐、有序，每个角落都整洁无比，为下一个班次或次日的工作创造一个舒适的环境。

(2) 关闭门窗、各种电源。

(3) 下班时有纪律、有秩序地出仓库。

任务评价

请完成现场 5S 管理评价表(见表 1-3-2)。

表 1-3-2　现场 5S 管理评价表

<table>
<tr><th>内容</th><th>评价任务</th><th>要素说明</th><th>分值</th><th>自评</th><th>他评</th><th>师评</th><th>合计</th></tr>
<tr><td rowspan="7">知识与技能</td><td>确认职责范围</td><td rowspan="7">整理：将办公场所和工作现场中的物品、设备清楚地区分为需要品和不需要品，对需要品进行妥善保管，对不需要品进行处理或报废
整顿：将需要品依据所规定的定位、定量等方式摆放整齐，并明确地对其予以标识，使寻找需要品的时间减少为零
清扫：将办公场所和作业现场的工作环境打扫干净，使其保持在无垃圾、无灰尘、无脏污、干净整洁的状态，并防止其被污染
清洁：将实施整理、整顿、清扫的做法进行到底，且维持其成果，并对其做法予以标准化、制度化
素养：将“以人为本”作为出发点，通过整理、整顿、清扫、清洁等合理化的改善活动，培养上下一体的共同管理语言，使全体人员养成守标准、守规定的良好习惯，进而促进全面管理水平的提升</td><td>10</td><td></td><td></td><td></td><td></td></tr>
<tr><td>划分责任区域</td><td>15</td><td></td><td></td><td></td><td></td></tr>
<tr><td>清扫作业现场</td><td>15</td><td></td><td></td><td></td><td></td></tr>
<tr><td>定置作业现场</td><td>15</td><td></td><td></td><td></td><td></td></tr>
<tr><td>作业现场各种区域定置标识</td><td>15</td><td></td><td></td><td></td><td></td></tr>
<tr><td>设置、设立标识与看板</td><td>15</td><td></td><td></td><td></td><td></td></tr>
<tr><td>规范员工行为</td><td>15</td><td></td><td></td><td></td><td></td></tr>
<tr><td>过程与方法</td><td colspan="2">积极参与，态度端正，互助合作</td><td>100</td><td></td><td></td><td></td><td></td></tr>
<tr><td>情感、态度、价值观</td><td colspan="2">树立敬业精神、劳动意识
培养专心致志的精神以及精益求精的工匠精神</td><td>100</td><td></td><td></td><td></td><td></td></tr>
<tr><td>合计</td><td colspan="2">职业素养</td><td>300</td><td></td><td></td><td></td><td></td></tr>
</table>

实训任务描述

学习了现场 5S 管理后，为了学以致用，我们对实训场地进行现场 5S 管理。

对实训的工作现场(有关的办公场所、库房区域等均适用)进行整理、整顿，保持实训设施处于清洁、整齐、有序的状态，并持续不断地改进实训环境的条件，以提高师生的工作积极性和工作效率，为提升教学质量创造条件。

实训报告

请完成现场 5S 管理实训报告(见表 1-3-3)。

表 1-3-3　现场 5S 管理实训报告

姓名		学号	
专业		班级	
实训日期		指导教师	
实训项目			
实训步骤： 步骤一： 步骤二： 步骤三：			

续表

步骤四：
步骤五：
步骤六：
步骤七：
实训收获及反思：

工匠园地

劳动创造幸福，实干成就伟业。党的十八大以来，习近平总书记多次围绕劳模精神、劳动精神、工匠精神等进行深刻论述，内涵丰富、思想深邃。今天，让我们一起学习总书记的重要论述，在奋力实现中华民族伟大复兴中国梦的征程上成就属于自己的人生精彩。

大力弘扬 劳模精神、劳动精神、工匠精神

习近平总书记这样说

劳模精神

劳动模范是民族的精英、人民的楷模，是共和国的功臣。

——2020年11月24日，习近平在全国劳动模范和先进工作者表彰大会上的讲话

我国是人民当家作主的社会主义国家，党和国家始终坚持全心全意依靠工人阶级方针，始终高度重视工人阶级和广大劳动群众在党和国家事业发展中的重要地位，始终高度重视发挥劳动模范和先进工作者的重要作用。

——2020年11月24日，习近平在全国劳动模范和先进工作者表彰大会上的讲话

劳动模范是共和国的功臣，要大力弘扬劳模精神。

——2020年8月19日，习近平在安徽考察时指出

劳动精神

要德智体美劳全面发展，不能忽视“劳”的作用，要从小培养劳动意识、环保意识、节约意识，勿以善小而不为，从一点一滴做起，努力成长为党和人民需要的有用之才。

——2022年3月30日，习近平在参加首都义务植树活动时强调

乡亲们的好日子得益于党和国家的好政策，也是你们自己用勤劳的双手创造的。

——2021年7月21日，习近平在西藏考察时指出

要在全社会营造尊重劳动、尊重知识、尊重人才、尊重创造的环境，形成崇尚科学的风尚，让更多的青少年心怀科学梦想、树立创新志向。

——2021年5月28日，习近平在中国科学院第二十次院士大会、中国工程院第十五次院士大会、中国科协第十次全国代表大会上的讲话

工匠精神

我国工人阶级和广大劳动群众要大力弘扬劳模精神、劳动精神、工匠精神，适应当今世界科技革命和产业变革的需要，勤学苦练、深入钻研，勇于创新、敢为人先，不断提高技术技能水平，为推动高质量发展、实施制造强国战略、全面建设社会主义现代化国家贡献智慧和力量。

——2022年4月27日，习近平致首届大国工匠创新交流大会的贺信

要更加重视青年人才培养，努力造就一批具有世界影响力的顶尖科技人才，稳定支持一批创新团队，培养更多高素质技术技能人才、能工巧匠、大国工匠。

——2021年5月28日，习近平在中国科学院第二十次院士大会、中国工程院第十五次院士大会、中国科协第十次全国代表大会上的讲话

在长期实践中，我们培育形成了爱岗敬业、争创一流、艰苦奋斗、勇于创新、淡泊名利、甘于奉献的劳模精神，崇尚劳动、热爱劳动、辛勤劳动、诚实劳动的劳动精神，执着专注、精益求精、一丝不苟、追求卓越的工匠精神。

——2020年11月24日，习近平在全国劳动模范和先进工作者表彰大会上的讲话

技能模块 2

拣货作业

学习目标

知识目标

熟知拣货单。

技能目标

1. 能根据拣货单，完成拣货任务。
2. 能根据拣货结果，完成拣货单。
3. 熟练选用物流仓储设备进行搬运，并进行 5S 管理。
4. 具有分析和解决物流常规作业相关问题的能力。

素养目标

树立敬业精神、劳动意识，培养分析问题、解决问题的能力以及精益求精的工匠精神。

思维导图

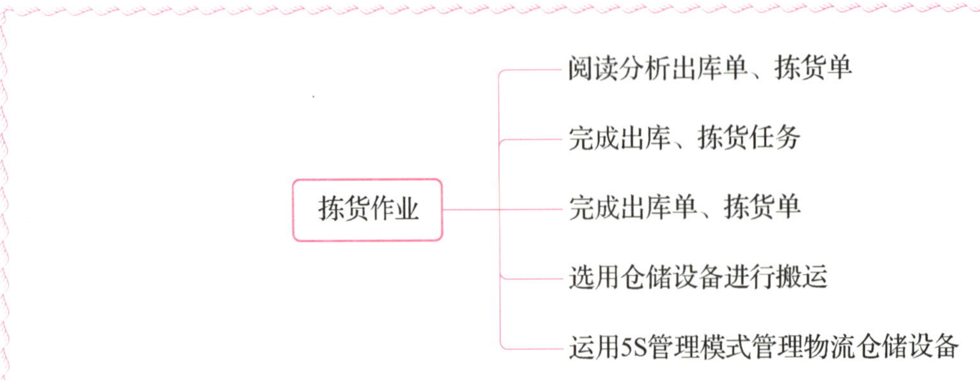

拣货作业主要包括生成拣货信息、搬运、分类集中和拣取货物等环节。拣货作业是物流作业中消耗劳动力较多的流程之一，因此，提高拣选效率对于提高整个物流作业效率至关重要。

1. 项目内容及要求

(1) 阅读分析拣货单。

(2) 根据拣货单，完成拣货任务。

(3) 根据拣货结果，完成拣货单。

(4) 正确选用并操作仓储设备，进行搬运。

(5) 熟练使用物流仓储设备，并进行 5S 管理。

(6) 积极参与、态度端正、互助合作，培养分析和解决物流常规作业相关问题的能力。

(7) 培养并弘扬劳动精神、劳模精神、职业精神、工匠精神。

2. 项目形式及要求

(1) 任务采取现场实际操作方式。

(2) 仓管员提供纸质版入库单、拣货单及任务说明。任务说明包括货位图、商品名称、品牌、条形码、规格型号、数量、入库等信息。仓管员根据所提供的单据，在规定的时间内进行分析并完成入库任务。

(3) 仓管员根据提供的任务说明，正确使用手动液压托盘车或手推车将指定商品搬运至指定货位。

(4) 任务过程中应保持设备及货物的清洁，保证工作场地整洁有序；任务结束后，设备和工具等应正确归位。

(5) 在规定的时间内完成所有任务操作。

(6) 遵守物流安全操作规范，防止违规操作手动液压托盘车或手推车而造成撞倒伤害、滑倒摔伤、搬运用力不当扭伤或拉伤等事故。

(7) 仓管员正确穿戴个人防护用品，包括安全背心、安全帽等。

3. 技术要求

(1) 作业过程中。

①仓管员按照拣货单拣选出正确数量的出库货物，完成电子拣选。

②处理整托拣货时，要合理选择搬运设备，并进行规范操作。

(2) 作业完成后。

将搬运设备正确停放在规定区域内。

4. 项目环境

每位仓管员对应一个货物储存区，对托盘货架区以及电子拣选区的货物进行作业。

硬件设备：

①电子标签系统：1 套控制器、转换器、绿灯完成器和订单显示器，多于 12 张电子标签。

5 位数 7 段式 LED 显示，1 个确认按钮及 2 个功能键，红色指示灯。电压/电流：BJ 12 V/200 mA。

托盘货架：

货架主要由钢架结构组成，货架经过酸洗、磷化处理，表面处理方式为静电喷塑；立柱颜色建议采用宝蓝色，横梁建议采用亮橘红色。

适用的托盘规格：1 200 mm×1 000 mm 左右；货架立柱为 90 mm，壁厚≥1. 8 mm，层高 1 100 mm 左右，满载状态下横梁的挠度：<1/300；组合式可拆装，每组外尺寸 2 480 mm×800 mm×4 200(mm)左右，单元承重不低于 1 吨。

②配套辅助材料：标签尺寸(mm)：长、宽、高分别是 148 mm×46 mm×30 mm；周转箱：尺寸为 600 mm×400 mm×320 mm，容积为 65 L。

纸箱尺寸包括：

外径：190 mm×370 mm×270 mm；外径：285 mm×38 mm0×270 mm；

外径：320 mm×480 mm×200 mm；外径：380 mm×570 mm×220 mm；

外径：350 mm×350 mm×245 mm；外径：380 mm×480 mm×220 mm；

外径：300 mm×580 mm×200 mm。

托盘规格：1 200 mm×1 000 mm 木制托盘，不少于 5 个。

模拟货品种类多于 15 种。

③搬运设备：

手动液压托盘车技术参数：

额定负载：2 000 kg；货叉最低高度：85 mm；货叉最高高度：200 mm；

货叉总宽：540 mm；转向轮：ϕ180 mm×50 mm；承重轮双轮：ϕ80 mm×70 mm；

货叉尺寸：160 mm×50 mm。

手推车：轮式，扶手可折叠，载重 50 kg 以上。

④网络配置：局域网，100 Mbps 带宽，计算机之间文件不能互传共享。

⑤项目实施场地可根据自身实际情况进行相应配置，以便任务顺利进行。

任务 1 手动液压托盘车操作

任务描述

创新创业物流有限公司是 SD 省 JN 市一家集仓储、配运于一体的单一性质的第三方物流公司，为客户提供及时准确的优质服务。吴刘是一名中职物流服务与管理专业的学生，在创

新创业物流有限公司实习，今天他接到的任务是：正确使用手动液压托盘车将入库订单 1(见表 2-1-1)的货品搬运至交接区一，将入库订单 2(见表 2-1-2)的货品搬运至交接区三。

表 2-1-1　入库订单 1

入库订单 1						
客户指令号	RKD20230701	客户名称	龙江集团		紧急程度	紧急
库房	A 市物流中心	入库类型	正常入库		是否取货	否
预计入库时间	2023 年 7 月 30 日					
货品编码	货品名称	包装尺寸：长×宽×高/mm	总重量	数量	批号	备注
6921168593576	茶 π 果味茶饮料柚子绿茶	190×370×270	—	42 箱	20230630	—

表 2-1-2　入库订单 2

入库订单 2						
客户指令号	RKD20230702	客户名称	龙江集团		紧急程度	一般
库房	A 市物流中心	入库类型	正常入库		是否取货	否
预计入库时间	2023 年 7 月 30 日					
货品编码	货品名称	包装尺寸：长×宽×高/mm	总重量	数量	批号	备注
6910019008345	超能西柚祛腥食品用洗洁精	320×480×200	—	40 箱	20230731	限高四层
6921317998436	康师傅茉莉清茶(500 mL)	380×480×220	—	18 箱	20230529	—

知识准备

一、手动液压托盘车各组成部分的结构及工作原理

手动液压托盘车主要由手柄、指状手柄、液压缸、车轮及承载滚轮、货叉(牙叉)等组成，如图 2-1-1 所示。

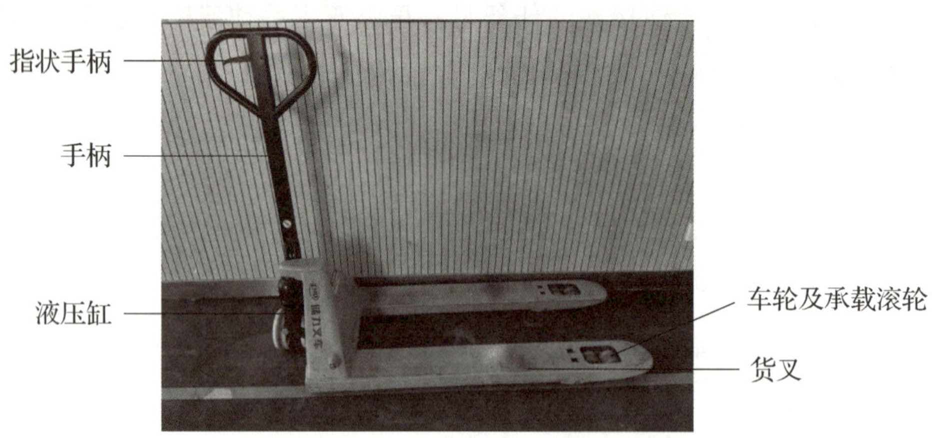

图 2-1-1　手动液压托盘车构造

1. 手柄

手柄是手动液压托盘车操作货叉起升、下降和行走的控制杆(见图 2-1-1)。

2. 指状手柄

(1)空挡状态：当手动液压托盘车指状手柄居中时，手动液压托盘车处于“空挡状态”(见图 2-1-2)，货叉不升不降；手动液压托盘车行驶过程中，不能随意升降货叉，指状手柄应处于“空挡状态”。

(2)上升挡位：将手动液压托盘车指状手柄往下按压时，手动液压托盘车处于“上升挡位”(见图 2-1-3)，只要向下按压手柄即可使货叉上升。

(3)下降挡位：将手动液压托盘车指状手柄往上提时，手动液压托盘车处于“下降状态”(见图 2-1-4)，货叉会开始下降。

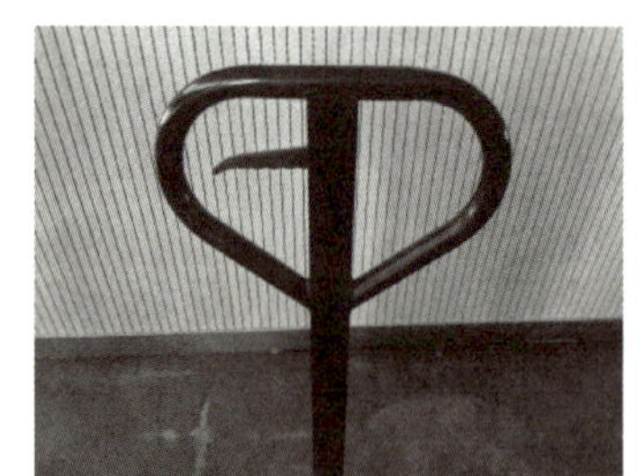

图 2-1-2　指状手柄空挡状态

图 2-1-3　指状手柄上升挡位

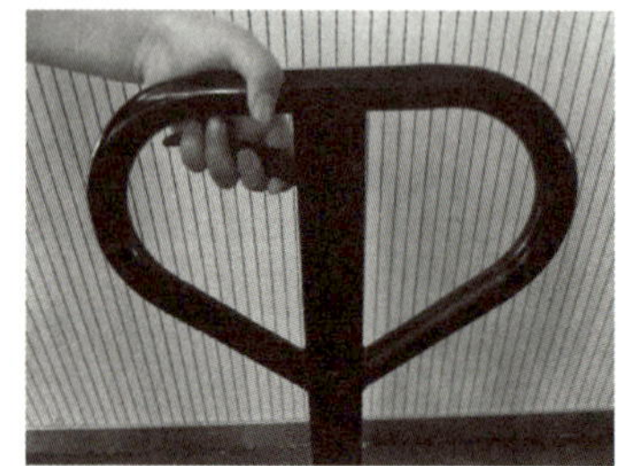

图 2-1-4　指状手柄下降挡位

3. 液压缸

液压缸是将液压能转变为机械能并做直线往复运动的液压执行元件。它结构简单、工作可靠。液压缸装在重载保护座上，缸筒镀铬，柱塞镀锌，如图 2-1-5 所示。

图 2-1-5　液压缸

4. 车轮及承载滚轮

手动液压托盘车车轮一般也称为聚氨酯轮，滚动阻力很小。车轮装有密封轴承，运转灵活。

5. 货叉

“货叉”又称为“牙叉”，由高抗拉伸槽钢做成，叉尖做成圆头楔形，方便插入托盘且不损坏托盘。

二、手动液压托盘车操作技术要求

手动液压托盘车的基本操作

(1)作业过程中。

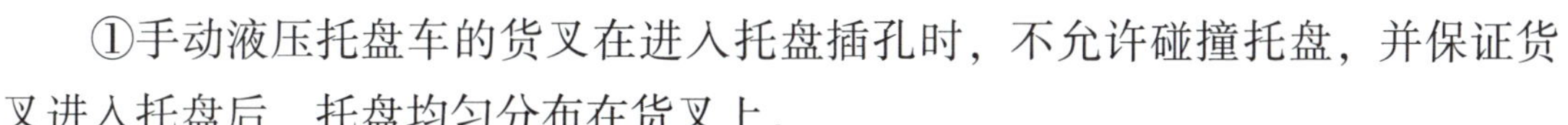

①手动液压托盘车的货叉在进入托盘插孔时，不允许碰撞托盘，并保证货叉进入托盘后，托盘均匀分布在货叉上。

②抬升托盘。将手动液压托盘车的指状手柄下压到上升挡，手柄上下往复，至托盘离地2~3 cm，并将指状手柄回至空挡。

③载物起步时，应先确认所载货物是否平稳可靠，起步时须缓慢平稳起步。

④运行过程中，操作者避免面向托盘倒拉托盘车。

⑤货物运送到指定位置时，将指状手柄提升到下降挡，货叉降至最低时方可拉出手动液压托盘车。

(2)作业完成后。

①停车时，手柄应与货叉保持垂直。

②确保货叉已降至最低位置。

③手动液压托盘车停放在规定存放区。

任务实施

准备：

操作员正确穿戴个人防护用品，包括安全背心、安全帽等。

步骤一：到设备存放区，取手动液压托盘车。

步骤二：操作手动液压托盘车到收货理货区，叉取已经理货完成的入库订单 1 中的待入库货物。

步骤三：操作手动液压托盘车搬运，沿着作业通道行驶，保持托盘平稳，防止货物掉落。

步骤四：将载货托盘置于托盘货架交接区一卸货位置正前方，释放手动液压托盘车液压系统，货叉慢慢下降。

步骤五：操作手动液压托盘车到收货理货区，叉取已经理货完成的入库订单 2 中的待入库货物。

步骤六：操作手动液压托盘车搬运，沿着作业通道行驶，保持托盘平稳，防止货物掉落。

步骤七：将载货托盘置于托盘货架交接区三卸货位置正前方，释放手动液压托盘车液压系统，货叉慢慢下降。

步骤八：手动液压托盘车归位。

任务评价

请完成手动液压托盘车操作任务评价表(见表 2-1-3)。

表 2-1-3 手动液压托盘车操作任务评价表

内容	评价任务	要素说明	分值	自评	他评	师评	合计
知识与技能	领取设备	到设备存放区，取手动液压托盘车	10				
	叉取托盘	操作手动液压托盘车到收货理货区，叉取已经理货完成的待入库货物	25				
	搬运货物	操作手动液压托盘车搬运，沿着作业通道行驶，保持托盘平稳，防止货物掉落	30				
	卸载货物	将载货托盘置于托盘货架交接区卸货位置正前方，释放手动液压托盘车液压系统，货叉慢慢下降	25				
	设备归位	手动液压托盘车归位	10				
过程与方法	积极参与，态度端正，互助合作		100				
情感、态度、价值观	树立敬业精神、劳动意识 培养分析问题、解决问题的能力以及精益求精的工匠精神		100				
合计			300				

实训任务描述

创新创业物流有限公司是 SD 省 JN 市一家集仓储、配运于一体的单一性质的第三方物流公司，为客户提供及时准确的优质服务。吴刘是一名中职物流服务与管理专业的学生，在创新创业物流有限公司实习，今天他接到的任务是：正确使用手动液压托盘车将入库订单 3(表 2-1-4)货品搬运至交接区一，将入库订单 4(表 2-1-5)货品搬运至交接区三。

表 2-1-4 入库订单 3

入库订单 1						
客户指令号	RKD20230701	客户名称	龙江集团		紧急程度	紧急
库房	A 市物流中心	入库类型	正常入库		是否取货	否
预计入库时间	2023 年 7 月 30 日					
货品编码	货品名称	包装尺寸：长×宽×高/mm	总重量	数量	批号	备注
6921168593576	可口可乐迷你罐汽水 200 mL	190×370×270	—	20 箱	20230630	—

表 2-1-5　入库订单 4

<table>
<tr><td colspan="7">入库订单 2</td></tr>
<tr><td>客户指令号</td><td>RKD20230702</td><td>客户名称</td><td colspan="2">龙江集团</td><td>紧急程度</td><td>一般</td></tr>
<tr><td>库房</td><td>A 市物流中心</td><td>入库类型</td><td colspan="2">正常入库</td><td>是否取货</td><td>否</td></tr>
<tr><td>预计入库时间</td><td colspan="6">2023 年 7 月 30 日</td></tr>
<tr><td>货品编码</td><td>货品名称</td><td>包装尺寸：
长×宽×高/mm</td><td>总重量</td><td>数量</td><td>批号</td><td>备注</td></tr>
<tr><td>6910019008345</td><td>心相印云感柔肤系列三层抽取式纸巾</td><td>320×480×200</td><td>—</td><td>12 箱</td><td>20230731</td><td>限高四层</td></tr>
<tr><td>6921317998436</td><td>清风绿花原生浆抽纸 200 抽</td><td>380×480×220</td><td>—</td><td>10 箱</td><td>20230529</td><td>—</td></tr>
</table>

实训报告

请完成手动液压托盘车操作实训报告(见表 2-1-6)。

表 2-1-6　手动液压托盘车操作实训报告

<table>
<tr><td>姓名</td><td></td><td>学号</td><td></td></tr>
<tr><td>专业</td><td></td><td>班级</td><td></td></tr>
<tr><td>实训日期</td><td></td><td>指导教师</td><td></td></tr>
<tr><td>实训项目</td><td colspan="3"></td></tr>
<tr><td colspan="4">实训步骤：
步骤一：

步骤二：

步骤三：

</td></tr>
</table>

续表

步骤四：
步骤五：
步骤六：
步骤七：
步骤八：
实训收获及反思：

任务 2　托盘货架区拣货作业

任务描述

创新创业物流有限公司是 SD 省 JN 市一家集仓储、配运于一体的单一性质的第三方物流公司，为客户提供及时准确的优质服务。吴刘是一名中职物流服务与管理专业的学生，在创新创业物流有限公司实习，今天他接到的任务是：正确使用手动液压托盘车将出库订单（见表 2-2-1）中托盘货架区一层储位的货品搬运至出库理货区。

表 2-2-1　出库订单

客户指令号	CXD2023070010	客户名称	龙江集团		紧急程度	紧急
库房	A 市物流中心	出库类型	正常出库		是否送货	否
收货人	利民超市（清远店）					
预计出库时间	2023 年 7 月 30 日					
货品编码	货品名称	包装尺寸：长×宽×高/mm	单位	数量	批号	备注
6921317998436	康师傅茉莉清茶（500 mL）	380×480×220	箱	18	20230529	—
6921168593583	茶 π 果味茶饮料柠檬红茶	—	瓶	3	—	—
6921317993790	康师傅茉莉蜜茶（500 mL）	—	瓶	5	—	—
6921317998436	康师傅茉莉清茶（500 mL）	—	瓶	9	—	—
6910019020040	超能 APG 食品用洗洁精	—	瓶	5	—	—
6920174735994	立白新椰油精华洗衣皂	—	件	4	—	—

知识准备

储位编码能够提高货品存取的准确性，为进出货、拣货、补货提供存取货品的准确位置。因此，储位编码可以提高货品进出库、上架及查询的工作效率；可以提高调仓、移仓的工作效率；可以利用计算机进行分析，方便盘点。根据不同的情况，可以采用不同的编码方式。常见的储位编码方法有四种。

（1）区段式：把仓库储存区域分割为几个区段，再对每个区段进行编码。

（2）品项群别式：把仓库内的货品区分成几个品项群，再对每个品项群进行编码。

(3)地址式：根据仓库内的储位，依照地址编码方式分排、列、层、位进行编码。

(4)坐标式：根据三度空间坐标进行编码，常用于驶入式货架储位编码。

任务实施

准备：

操作员正确穿戴个人防护用品，包括安全背心、安全帽等。

步骤一：到设备存放区，取手动液压托盘车。

步骤二：操作手动液压托盘车到托盘货架区一层储位，拣取出库订单上待出库的货物。

步骤三：操作手动液压托盘车搬运，沿着作业通道行驶，保持托盘平稳，防止货物掉落。

步骤四：将载货托盘置于出库理货区卸货位置正前方，释放手动液压托盘车液压系统，货叉慢慢下降。

步骤五：手动液压托盘车归位。

任务评价

请完成托盘货架区拣货作业任务评价表(见表 2-2-2)。

表 2-2-2　托盘货架区拣货作业任务评价表

内容	评价任务	要素说明	分值	自评	他评	师评	合计
知识与技能	领取设备	到设备存放区，取手动液压托盘车	10				
	叉取托盘	操作手动液压托盘车到托盘货架区 B00001 储位，拣取待出库的货物。	25				
	搬运货物	操作手动液压托盘车搬运，沿着作业通道行驶，保持托盘平稳，防止货物掉落	30				
	卸载货物	将载货托盘置于托盘货架交接区卸货位置正前方，释放手动液压托盘车液压系统，货叉慢慢下降	25				
	设备归位	手动液压托盘车归位	10				
过程与方法	积极参与，态度端正，互助合作		100				
情感、态度、价值观	树立敬业精神、劳动意识 培养分析问题、解决问题的能力以及精益求精的工匠精神		100				
合计			300				

实训任务描述

创新创业物流有限公司是 SD 省 JN 市一家集仓储、配运于一体的单一性质的第三方物流公司，为客户提供及时准确的优质服务。吴刘是一名中职物流服务与管理专业的学生，在创新创业物流有限公司实习，今天他接到的任务是：正确使用手动液压托盘车将出库订单（见表 2-2-3）中托盘货架区一层储位的货品搬运至出库理货区。

表 2-2-3　出库订单

客户指令号	CXD2023070010	客户名称	龙江集团		紧急程度	紧急
库房	A 市物流中心	出库类型	正常出库		是否送货	否
收货人	利民超市（清远店）					
预计出库时间	2023 年 7 月 30 日					
货品编码	货品名称	包装尺寸：长×宽×高/mm	单位	数量	批号	备注
6921317998436	可口可乐纯悦包装饮用水	380×480×220	箱	9	20230529	—
6921168593583	清风原木纯品金装抽纸 120 抽	—	箱	3	—	—
6921317993790	清风花萃臻品抽纸 100 抽	—	件	5	—	—
6921317998436	清风花萃臻品抽纸 100 抽	—	件	9	—	—
6910019020040	心相印云感柔肤系列三层抽取式纸巾	—	件	5	—	—
6920174735994	农夫山泉饮用天然水 380 mL	—	瓶	4	—	—

实训报告

请完成托盘货架区拣货作业实训报告（见表 2-2-4）。

表 2-2-4　托盘货架区拣货作业实训报告

姓名		学号	
专业		班级	
实训日期		指导教师	
实训项目			
实训步骤： 步骤一：			

续表

步骤二：
步骤三：
步骤四：
步骤五：
实训收获及反思：

任务 3　电子标签货架区拣货作业

任务描述

创新创业物流有限公司是 SD 省 JN 市一家主营仓储、配运的单一性质的第三方物流公司，为客户提供及时准确的优质服务。吴刘是一名中职物流服务与管理专业的学生，在创新创业物流有限公司实习，今天他接到的任务是：正确使用手推车，按照出库订单（见表 2-3-1）拣选出数量正确的出库货物并搬运至出库理货区，完成电子拣选。

表 2-3-1　出库订单

客户指令号	CXD2023070010	客户名称	龙江集团		紧急程度	紧急
库房	A 市物流中心	出库类型	正常出库		是否送货	否
收货人	利民超市（清远店）					
预计出库时间	2023 年 7 月 30 日					
货品编码	货品名称	包装尺寸：长×宽×高/mm	单位	数量	批号	备注
6921317998436	康师傅茉莉清茶（500 mL）	380×480×220	箱	18	20230529	—
6921168593583	茶 π 果味茶饮料柠檬红茶	—	瓶	3	—	—
6921317993790	康师傅茉莉蜜茶（500 mL）	—	瓶	5	—	—
6921317998436	康师傅茉莉清茶（500 mL）	—	瓶	9	—	—
6910019020040	超能 APG 食品用洗洁精	—	瓶	5		—
6920174735994	立白新椰油精华洗衣皂	—	件	4	—	—

知识准备

电子标签辅助拣货系统，在欧美一般称为亮灯自动拣选系统（Pick-to-light or Put-to-light System，PTL），在日本称为计算机辅助分拣系统（Computer Assisted Picking System，CAPS）或者摘取式拣货系统（Digital Picking System，DPS），主要是由主控计算机来控制一组安装在货架储位上的电子标签装置，借助上面的信号灯信号和显示屏上的数字显示来引导拣货人员正确、快速地拣取货品。它将拣货作业简化为“看、拣、按”三个单纯的动作，减少了拣货人员目视寻找的时间，而且它是一种无纸化的拣货系统，可大大提高拣选效率，降低拣错率和工人的劳动强度，如

电子标签拣货基本操作

图 2-3-1 所示。

图 2-3-1 电子标签辅助拣货系统

一、电子标签辅助拣货系统的优点

(1)可以提高拣货速度及效率，降低拣货错误率，甚至可降到 0.1%以下。

(2)提高出货配送效率。

(3)实现在线管理和拣货数据在线控制，使库存数据一目了然。

(4)操作简单，人员不需特别培训就能上岗作业。

二、电子标签辅助拣货系统的作业流程

(1)电子标签辅助拣货系统获取订单资料并进行处理。

(2)控制器将经过处理的订单资料传送至货架上的电子标签。

(3)电子标签显示出拣货数量。

(4)拣货员按照电子标签指示，快速而准确地执行指令，无须携带拣货单。

(5)拣货完毕，拣货员按“完成”按钮，将完成信号回报给计算机，进入下一次作业。

三、电子标签辅助拣货系统的种类

电子标签辅助拣货系统主要用于拣货，因此，依拣货方式的不同可分为摘取式与播种式两种。

(1)摘取式电子标签辅助拣货系统是指将电子标签安装在储位货品的储位上，一组电子标签对应一个储位或储位的一个品类，信号灯引导拣货人员快速、简单地找到正确的储位，显示屏显示的数字清晰正确地显示出所拣的确切数目，拣货人员按照指示拣取相应的货品，拣取完成后按确认键确认。

(2)播种式电子标签辅助拣货系统是指货架上安装的电子标签对应客户，当订单的商品被分批次拣取搬运到电子标签辅助系统播种区后，用扫描仪读入商品信息，经过电子标签辅助拣货系统服务器处理后，相应的电子标签会显示该客户所需数量，拣货人员将对应数量的商品分配到对应的标签位置的货架上，然后按确认键，熄灭标签，如此继续，直到该种货品播种完毕，再开始下一种货品的播种。

任务实施

准备：

操作员正确穿戴个人防护用品，包括安全背心、安全帽等。

步骤一：到设备存放区取手推车，将物流箱(见图 2-3-2)放到手推车(见图 2-3-3)上。

图 2-3-2　物流箱

图 2-3-3　手推车

步骤二：推动手推车到电子标签货架区，按照“看、拣、按”的流程，正确拣取货物。

步骤三：推动手推车沿着作业通道行驶，保持物流箱平稳，防止货物掉落。

步骤四：将手推车置于出库理货区卸货位置正前方，将物流箱搬至正确的客户区内。

步骤五：手推车归位。

任务评价

请完成电子标签货架区拣货作业任务评价表(见表 2-3-2)。

表 2-3-2　电子标签货架区拣货作业任务评价表

内容	评价任务	要素说明	分值	自评	他评	师评	合计
知识与技能	领取设备	到设备存放区取手推车，将物流箱放到手推车上	10				
	拣取货物	推动手推车到电子标签货架区，按照“看、拣、按”的流程，正确拣取货物	25				
	搬运货物	推动手推车沿着作业通道行驶，保持物流箱平稳，防止货物掉落	30				
	卸载货物	将手推车置于出库理货区卸货位置正前方，将物流箱搬至正确的客户区内	25				
	设备归位	手推车归位	10				
过程与方法	积极参与，态度端正，互助合作		100				
情感、态度、价值观	树立敬业精神、劳动意识 培养分析问题、解决问题的能力以及精益求精的工匠精神		100				
合计			300				

实训任务描述

创新创业物流有限公司是SD省JN市一家主营仓储、配运的单一性质的第三方物流公司，为客户提供及时准确的优质服务。吴刘是一名中职物流服务与管理专业的学生，在创新创业物流有限公司实习，今天他接到的任务是：正确使用手推车，按照出库订单(见表2-3-3)拣选出正确数量的出库货物并搬运至出库理货区，完成电子拣选。

表2-3-3　出库订单

客户指令号	CXD2023070010	客户名称	龙江集团		紧急程度	紧急
库房	A市物流中心	出库类型	正常出库		是否送货	否
收货人		利民超市(清远店)				
预计出库时间	2023年7月30日					
货品编码	货品名称	包装尺寸：长×宽×高/mm	单位	数量	批号	备注
6921317998436	康师傅茉莉清茶(500 mL)	380×480×220	箱	18	20230529	—
6921168593583	茶π果味茶饮料柠檬红茶	—	瓶	3	—	—
6921317993790	康师傅茉莉蜜茶(500 mL)	—	瓶	5	—	—
6921317998436	康师傅茉莉清茶(500 mL)	—	瓶	9	—	—
6910019020040	美年达香橙味汽水(500 mL)	—	瓶	5	—	—
6920174735994	农夫山泉矿泉水(200 mL)	—	瓶	4	—	—

实训报告

请完成电子标签货架区拣货作业实训报告(见表2-3-4)。

表2-3-4　电子标签货架区拣货作业实训报告

姓名		学号	
专业		班级	
实训日期		指导教师	
实训项目			
实训步骤： 步骤一：			

续表

<table>
<tr><td>步骤二：

步骤三：

步骤四：

步骤五：</td></tr>
<tr><td>实训收获及反思：</td></tr>
</table>

工匠园地

礼遇工匠，致敬匠心

——2023 年“大国工匠年度人物”发布活动红毯盛典侧记

新年伊始，工匠精神闪耀蓉城。

2024 年 1 月 13 日，2023 年“大国工匠年度人物”(见图 2-3-4) 发布活动在四川成都新都区举行。当天上午，在新都高新技术产业园区，发布活动以一场红毯盛典，礼遇工匠、致敬匠心。

图 2-3-4　2023 年“大国工匠年度人物”

50 位 2023 年“大国工匠年度人物”入围人选，分为 8 个工匠组，分别以“卓越创新”“智能智造”“精益求精”“爱岗敬业”“传承发展”“巾帼工匠”“专注专业”“团结合作”命名。工匠们身着工装，以自信之姿亮相红毯，一展昂扬精气神。

2023 年“大国工匠年度人物”发布活动由中华全国总工会、中央广播电视总台主办，四川省总工会承办，成都市总工会、新都区委、新都区人民政府协办。此次红毯盛典通过多家新媒体平台全程直播，全国各地的观众可以在线上一览工匠风采。

10 时许，“卓越创新”组 7 位工匠首先乘车抵达，手握一块姓名拼图，与工匠熊猫“工宝”击掌，接受鲜花礼赞。在欢呼声中，工匠们由“工宝”引路，昂首踏上红毯、登上台阶。

将红毯铺设于台阶上是盛典组织者的巧思。工匠们拾级而上，如同他们的奋斗生涯，一路攀登、一路坚持，终于跃上人生新高度。

"同各行各业顶尖工匠一起走红毯，于我而言是认可和鼓励，很有荣誉感。"1994年出生的王小颖，是中建海峡建设发展有限公司中级专业师，在2023年举行的全国职工数字化应用技术技能大赛决赛上，获得建筑信息模型(BIM)技术员工种冠军。她所在的工匠组，由6位来自人工智能、电力、制造业、地质勘查等领域的巾帼工匠组成。"我们有颜值、有技术，更有担当！"王小颖的话语间满是自豪。

当工匠走上最后一级台阶，由四川制造的XR虚拟空间随即映入眼帘。这是四川工匠以自己的方式，向"大国工匠年度人物"入围人选致敬。

红毯现场，工匠们畅谈心中理想追求，道出对未来的期许与憧憬——

"工匠精神就是执着专注、精益求精、一丝不苟、追求卓越，一辈子专注一件事，做到最好，做到极致。"

"要立足本职岗位，不断挑战自我，战胜前进道路上的艰难险阻，向着更高的目标拼搏前行。"

"我们有责任和义务把祖国优秀传统文化保护好、传承好，也希望更多年轻人加入文化遗产保护的队伍中来。"

"团队离不开优秀的领头人，更离不开各怀绝技、兢兢业业工作的每位成员，只有团结协作，才能凝聚成有坚强战斗力的队伍……"

四川电视台导演梁丰表示，从红毯入口开始，每个环节都力争展现"咱们工人有力量"，希望用仪式感满满的形式，让工匠成为真正的"明星"，让他们感受到真诚的褒奖与尊重。

10时40分许，当最后一位工匠——上海城投污水处理有限公司白龙港污水处理厂污泥处理车间主任杨戎雷来到印有"大国工匠、匠心闪耀"的展板面前，将手中写有自己名字的拼图贴上展板，2023年"大国工匠年度人物"奖杯图形完整呈现。这是一座凝聚着工匠辛勤付出、精湛技艺和执着精神的奖杯，是对工匠们杰出贡献的肯定和嘉奖。

把拼图贴上展板的那一刻，工匠们无不感到荣耀与感动。"看着奖杯上的一个个名字，心中的集体荣誉感油然而生。"特变电工新疆变压器厂超高压生产中心工艺技术员张国云从事线圈绕制工作，仅用8年时间达到其他技术工人至少15年才能够实现的技能水平。

"用工匠名字拼成完整的奖杯，这样的设计寓意非常好，强国建设、民族复兴的伟大事业，正是需要各行各业各个领域的劳模工匠和一线职工共同努力、共同支撑。"沈飞是马钢轨交材料有限公司车轮车轴厂生产协调员，为了让中国高铁穿上"中国跑鞋"，他在比发丝更细的毫厘之间精雕细琢，实现车轮0.03毫米精度控制的批量化稳定，并做到每列高铁装载的64件车轮保持高度一致。

作为协办方，成都市总工会、新都区委、新都区人民政府为此次发布活动成功举办提供了有力保障。除了50位工匠的精彩亮相，此次红毯盛典还设置了多个打卡互动点位，供现场观众体验工匠的精湛技艺。(《工人日报》记者 朱欣 李娜)

技能模块 3

物流中心数据处理

学习目标

知识目标

1. 熟记库存结余量、库存结余金额概念及计算公式。
2. 熟记储位管理的基本原则、储位规划方法、储位编码的要求和方法。
3. 熟记 ABC 分类法基本概念、物动量 ABC 分类法。
4. 熟记移库作业的概念、目的、类型。
5. 熟记移库作业的原则。

技能目标

1. 能完成出入库数量及金额统计。
2. 会计算库存结余量和库存结余金额。
3. 能根据库存结余信息，编制完成货架存储图。
4. 能根据给定标准，计算物动量并进行 ABC 分类。
5. 能根据 ABC 分类结果及移库规则，进行库位调整，完成移库作业计划表。
6. 具有较强的分析和解决物流常规作业相关问题的能力，能熟练使用 Microsoft Office 2016(中文版)办公软件，根据提供的模板完成作业优化。

素养目标

培养一丝不苟、持之以恒的学习精神，树立劳动精神、工匠精神。

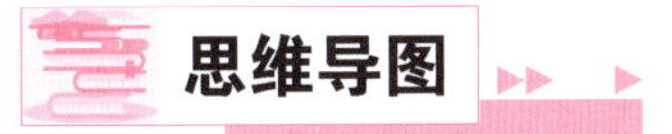

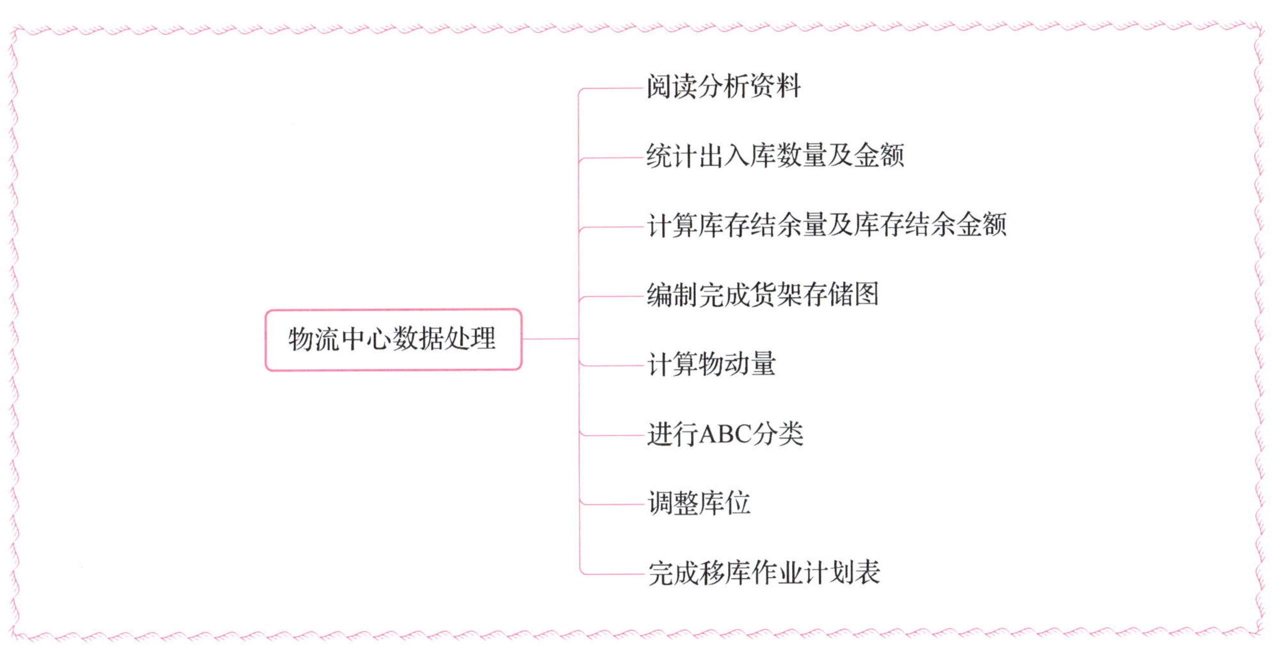

A 物流有限公司是一家专业化从事运输、仓储、配送、进出口代理等业务的综合性第三方物流公司，为客户提供全方位的优质服务。

仓储作业优化以 A 公司物流中心的日常业务为背景，结合客户具体要求和现代企业管理制度，模拟完成物流中心数据的处理过程。本项目需模拟完成以下任务：

1. 项目内容及要求

(1)阅读分析所提供的相关资料。

(2)完成出入库数量及金额统计。

(3)计算库存结余量和库存结余金额。

(4)根据库存结余信息，编制完成货架存储图。

(5)根据给定标准，计算物动量并进行 ABC 分类。

(6)根据 ABC 分类结果及移库规则，进行库位调整，完成移库作业计划表。

(7)具有较强的分析和解决物流常规作业相关问题的能力，能熟练使用 Microsoft Office 2016(中文版)办公软件，根据提供的模板完成作业优化。

2. 项目形式及要求

(1)采取上机操作方式。

(2)提供物流业务案例(Microsoft Office 2016 Word 文件格式)，在所提供的模板上完成作业任务优化内容。不得修改 Word 模板中给定的格式、内容。

(3)应将答案保存到规定的文件夹里，并按规定方式提交。

(4)在答题过程中，可以随时检查或修改已答题目的填制内容。

3. 技术要求

(1)熟练运用 Excel 表格完成相关数据计算，要求运算准确。

(2)在 Word 中绘制货架存储图时大小要适宜，不得超出范围。

4. 项目环境

每位配备一台计算机，计算机之间不能实现文件共享。

(1)硬件设备。

①服务器配置：CPU 主频 3 GHz 以上；硬盘空间 300 GB 以上；内存 4 GB 以上。

②客户端配置：CPU 主频 3 GHz 以上；硬盘空间 200 GB 以上；内存 4 GB 以上。

③网络配置：局域网，100 Mbps 带宽，计算机之间不能互传共享文件。

④根据自身实际情况进行相应配置，以便顺利进行。

(2)软件环境。

Windows 10 Professional(中文版)、Microsoft Office 2016(中文版)、五笔输入法、搜狗拼音输入法、智能 ABC 输入法、微软输入法等。

任务 1 出入库数量及金额统计

任务描述

A 物流有限公司是一家专业化从事运输、仓储、配送、进出口代理等业务的综合性第三方物流公司，为客户提供全方位的优质服务。吴刘是一名中职物流服务与管理专业的学生，在 A 物流有限公司实习。

公司最近货物出入库频率较高，主管要求吴刘根据托盘货架区 2023 年全年出入库月报表数据，完成托盘货架区 2022 年 10 月 31 日—2023 年 10 月 31 日出入库汇总报表中的出入库数据汇总，并结合托盘货架区 2023 年 10 月 31 日 17：30 库存结余量数据，计算出 2023 年 10 月 31 日 17：30 托盘货架区每种货物的库存结余量及金额。

托盘货架 A 区 2022 年 10 月 31 日 17：30 库存结余信息(截至 2022 年 10 月 31 日 17：30)及 2022 年 10 月 31 日—2023 年 10 月 31 日 17：30 近一年的出入库月报表数据，见表 3-1-1~表 3-1-13。

表 3-1-1 2022 年 10 月 31 日 17：30 库存结余信息数据

序号	货物名称	规格	托盘初始	储位	单价(元/箱)
1	农夫山泉饮用天然水 1.5 L	箱	28	A0101	80
2	康师傅冰绿茶 490 mL	箱	35	A0102	30

续表

序号	货物名称	规格	托盘初始	储位	单价(元/箱)
3	绿力冬瓜茶 245 mL	箱	55	A0103	20
4	惠尔康燕窝冬瓜茶 250 mL	箱	74	A0104	40
5	康师傅绿茶 500 mL	箱	77	A0106	30
6	娃哈哈纯真年代纯净水 596 mL	箱	60	A0201	20
7	娃哈哈饮用纯净水 350 mL	箱	26	A0202	10
8	娃哈哈饮用纯净水 1.25 L	箱	29	A0203	60
9	娃哈哈饮用纯净水 596 mL	箱	37	A0204	30
10	农夫山泉饮用天然水 550 mL	箱	72	A0205	30
11	农夫山泉饮用天然水 4 L	箱	63	A0206	130
12	呦呦奶味茶 500 mL	箱	53	A0301	60
13	王老吉凉茶 310 mL	箱	42	A0302	30
14	王老吉凉茶利乐包 250 mL	箱	53	A0303	20
15	惠尔康蜂蜜菊花茶 560 mL	箱	29	A0304	60
16	绿力冬瓜茶 500 mL	箱	22	A0305	40
17	娃哈哈冰红茶 500 mL	箱	32	A0306	30

表 3-1-2　2022 年 11 月出入库月报表数据(截至 2022 年 11 月 30 日 17：30)

序号	货物名称	入库量/箱	出库量/箱
1	红牛维生素营养液 500 mL	71	66
2	康师傅冰红茶 490 mL	24	29
3	康师傅绿茶 500 mL	58	74
4	惠尔康燕窝冬瓜茶 250 mL	119	135
5	绿力冬瓜茶 245 mL	45	55
6	康师傅冰绿茶 490 mL	82	75
7	娃哈哈冰红茶 500 mL	32	40
8	绿力冬瓜茶 500 mL	175	208
9	惠尔康菊花茶饮料 250 mL	112	111
10	王老吉凉茶利乐包 250 mL	66	67
11	王老吉凉茶 310 mL	986	983
12	呦呦奶味茶 500 mL	124	122
13	娃哈哈蓝莓冰红茶 500 mL	999	1 109
14	农夫山泉饮用天然水 4 L	252	223
15	农夫山泉饮用天然水 550 mL	74	74
16	娃哈哈饮用纯净水 596 mL	215	197
17	农夫山泉饮用天然水 1.5 L	48	42
18	娃哈哈饮用纯净水 1.25 L	176	175
19	娃哈哈饮用纯净水 350 mL	1 560	1 404

续表

序号	货物名称	入库量/箱	出库量/箱
20	农夫山泉饮用天然水 380 mL	93	77
21	娃哈哈纯真年代纯净水 596 mL	837	991

表 3-1-3　2022 年 12 月出入库月报表(截至 2022 年 12 月 31 日 17：30)

序号	货物名称	入库量/箱	出库量/箱
1	红牛维生素营养液 500 mL	78	61
2	康师傅冰红茶 490 mL	25	22
3	康师傅绿茶 500 mL	44	76
4	惠尔康燕窝冬瓜茶 250 mL	136	136
5	绿力冬瓜茶 245 mL	41	48
6	康师傅冰绿茶 490 mL	102	107
7	娃哈哈冰红茶 500 mL	40	36
8	绿力冬瓜茶 500 mL	217	214
9	惠尔康蜂蜜菊花茶 560 mL	104	121
10	王老吉凉茶利乐包 250 mL	90	80
11	王老吉凉茶 310 mL	862	791
12	呦呦奶味茶 500 mL	99	156
13	娃哈哈蓝莓冰红茶 500 mL	934	1 077
14	农夫山泉饮用天然水 4 L	243	306
15	农夫山泉饮用天然水 550 mL	75	74
16	娃哈哈饮用纯净水 596 mL	174	161
17	农夫山泉饮用天然水 1. 5 L	44	47
18	娃哈哈饮用纯净水 1. 25 L	184	154
19	娃哈哈饮用纯净水 350 mL	1594	1555
20	农夫山泉饮用天然水 380 mL	90	60
21	娃哈哈纯真年代纯净水 596 mL	747	784

表 3-1-4　2023 年 1 月出入库月报表(截至 2023 年 1 月 31 日 17：30)

序号	货物名称	入库量/箱	出库量/箱
1	红牛维生素营养液 500 mL	76	68
2	康师傅冰红茶 490 mL	35	30
3	康师傅绿茶 500 mL	49	73
4	惠尔康燕窝冬瓜茶 250 mL	111	155
5	绿力冬瓜茶 245 mL	55	43
6	康师傅冰绿茶 490 mL	94	98
7	绿力冬瓜茶 500 mL	233	204

续表

序号	货物名称	入库量/箱	出库量/箱
8	惠尔康蜂蜜菊花茶 560 mL	51	46
9	惠尔康菊花茶饮料 250 mL	243	295
10	王老吉凉茶利乐包 250 mL	96	82
11	王老吉凉茶 310 mL	944	877
12	呦呦奶味茶 500 mL	117	147
13	娃哈哈蓝莓冰红茶 500 mL	814	912
14	农夫山泉饮用天然水 4 L	302	226
15	农夫山泉饮用天然水 550 mL	64	73
16	娃哈哈饮用纯净水 596 mL	237	213
17	农夫山泉饮用天然水 1.5 L	40	50
18	娃哈哈饮用纯净水 1.25 L	170	181
19	娃哈哈饮用纯净水 350 mL	1 394	1 818
20	农夫山泉饮用天然水 380 mL	67	74
21	娃哈哈纯真年代纯净水 596 mL	924	808

表 3-1-5　2023 年 2 月出入库月报表(截至 2023 年 2 月 28 日 17：30)

序号	货物名称	入库量/箱	出库量/箱
1	红牛维生素营养液 500 mL	74	74
2	康师傅冰红茶 490 mL	24	21
3	康师傅绿茶 500 mL	47	79
4	惠尔康燕窝冬瓜茶 250 mL	110	143
5	绿力冬瓜茶 245 mL	45	46
6	康师傅冰绿茶 490 mL	82	94
7	娃哈哈冰红茶 500 mL	76	73
8	绿力冬瓜茶 500 mL	164	166
9	惠尔康蜂蜜菊花茶 560 mL	40	45
10	惠尔康菊花茶饮料 250 mL	127	116
11	王老吉凉茶利乐包 250 mL	97	83
12	王老吉凉茶 310 mL	837	831
13	呦呦奶味茶 500 mL	128	156
14	娃哈哈蓝莓冰红茶 500 mL	978	981
15	农夫山泉饮用天然水 4 L	301	266
16	农夫山泉饮用天然水 550 mL	59	83
17	娃哈哈饮用纯净水 596 mL	165	206
18	农夫山泉饮用天然水 1.5 L	44	47
19	娃哈哈饮用纯净水 1.25 L	161	148
20	娃哈哈饮用纯净水 350 mL	1 257	1 710

续表

序号	货物名称	入库量/箱	出库量/箱
21	农夫山泉饮用天然水 380 mL	78	72
22	娃哈哈纯真年代纯净水 596 mL	959	815

表 3-1-6　2023 年 3 月出入库月报表(截至 2023 年 3 月 31 日 17：30)

序号	货物名称	入库量/箱	出库量/箱
1	红牛维生素营养液 500 mL	76	56
2	康师傅冰红茶 490 mL	32	30
3	康师傅绿茶 500 mL	59	57
4	惠尔康燕窝冬瓜茶 250 mL	133	125
5	绿力冬瓜茶 245 mL	42	52
6	康师傅冰绿茶 490 mL	87	89
7	娃哈哈冰红茶 500 mL	33	39
8	绿力冬瓜茶 500 mL	170	175
9	惠尔康蜂蜜菊花茶 560 mL	40	59
10	惠尔康菊花茶饮料 250 mL	123	158
11	王老吉凉茶利乐包 250 mL	88	97
12	王老吉凉茶 310 mL	1 084	773
13	呦呦奶味茶 500 mL	101	115
14	娃哈哈蓝莓冰红茶 500 mL	986	964
15	农夫山泉饮用天然水 4 L	233	267
16	农夫山泉饮用天然水 550 mL	59	71
17	娃哈哈饮用纯净水 596 mL	188	187
18	农夫山泉饮用天然水 1.5 L	42	51
19	娃哈哈饮用纯净水 1.25 L	209	172
20	娃哈哈饮用纯净水 350 mL	1 575	1 463
21	农夫山泉饮用天然水 380 mL	78	73
22	娃哈哈纯真年代纯净水 596 mL	980	841

表 3-1-7　2023 年 4 月出入库月报表(截至 2023 年 4 月 30 日 17：30)

序号	货物名称	入库量/箱	出库量/箱
1	红牛维生素营养液 500 mL	38	88
2	康师傅冰红茶 490 mL	36	28
3	康师傅绿茶 500 mL	70	36
4	惠尔康燕窝冬瓜茶 250 mL	147	93
5	绿力冬瓜茶 245 mL	60	53
6	康师傅冰绿茶 490 mL	81	74

续表

序号	货物名称	入库量/箱	出库量/箱
7	娃哈哈冰红茶 500 mL	37	26
8	绿力冬瓜茶 500 mL	265	276
9	惠尔康蜂蜜菊花茶 560 mL	70	43
10	惠尔康菊花茶饮料 250 mL	202	122
11	王老吉凉茶利乐包 250 mL	50	90
12	王老吉凉茶 310 mL	797	1 257
13	呦呦奶味茶 500 mL	170	85
14	娃哈哈蓝莓冰红茶 500 mL	1 190	848
15	农夫山泉饮用天然水 4 L	230	300
16	农夫山泉饮用天然水 550 mL	61	41
17	娃哈哈饮用纯净水 596 mL	233	239
18	农夫山泉饮用天然水 1.5 L	39	33
19	娃哈哈饮用纯净水 1.25 L	207	265
20	娃哈哈饮用纯净水 350 mL	1 833	1 270
21	农夫山泉饮用天然水 380 mL	76	64
22	娃哈哈纯真年代纯净水 596 mL	561	753

表 3-1-8　2023 年 5 月出入库月报表(截至 2023 年 5 月 31 日 17：30)

序号	货物名称	入库量/箱	出库量/箱
1	红牛维生素营养液 500 mL	76	78
2	康师傅冰红茶 490 mL	20	27
3	康师傅绿茶 500 mL	59	68
4	惠尔康燕窝冬瓜茶 250 mL	129	144
5	绿力冬瓜茶 245 mL	39	52
6	康师傅冰绿茶 490 mL	90	79
7	娃哈哈冰红茶 500 mL	33	28
8	绿力冬瓜茶 500 mL	237	202
9	惠尔康蜂蜜菊花茶 560 mL	37	54
10	惠尔康菊花茶饮料 250 mL	126	104
11	王老吉凉茶利乐包 250 mL	67	74
12	王老吉凉茶 310 mL	900	941
13	呦呦奶味茶 500 mL	102	127
14	娃哈哈蓝莓冰红茶 500 mL	1 150	1 115
15	农夫山泉饮用天然水 4 L	243	252

续表

序号	货物名称	入库量/箱	出库量/箱
16	农夫山泉饮用天然水 550 mL	61	76
17	娃哈哈饮用纯净水 596 mL	187	175
18	农夫山泉饮用天然水 1.5 L	31	42
19	娃哈哈饮用纯净水 1.25 L	142	214
20	娃哈哈饮用纯净水 350 mL	1 318	1 753
21	农夫山泉饮用天然水 380 mL	50	52
22	娃哈哈纯真年代纯净水 596 mL	741	692

表 3-1-9　2023 年 6 月出入库月报表(截至 2023 年 6 月 30 日 17：30)

序号	货物名称	入库量/箱	出库量/箱
1	红牛维生素营养液 500 mL	67	55
2	康师傅冰红茶 490 mL	22	21
3	康师傅绿茶 500 mL	53	52
4	惠尔康燕窝冬瓜茶 250 mL	138	114
5	绿力冬瓜茶 245 mL	32	36
6	康师傅冰绿茶 490 mL	89	75
7	娃哈哈冰红茶 500 mL	52	56
8	绿力冬瓜茶 500 mL	215	178
9	惠尔康蜂蜜菊花茶 560 mL	44	51
10	惠尔康菊花茶饮料 250 mL	129	128
11	王老吉凉茶利乐包 250 mL	74	71
12	王老吉凉茶 310 mL	945	931
13	呦呦奶味茶 500 mL	131	121
14	娃哈哈蓝莓冰红茶 500 mL	818	1 118
15	农夫山泉饮用天然水 4 L	256	290
16	农夫山泉饮用天然水 550 mL	53	73
17	娃哈哈饮用纯净水 596 mL	200	191
18	农夫山泉饮用天然水 1.5 L	30	43
19	娃哈哈饮用纯净水 1.25 L	175	210
20	娃哈哈饮用纯净水 350 mL	1 594	1 385
21	农夫山泉饮用天然水 380 mL	50	51
22	娃哈哈纯真年代纯净水 596 mL	659	910

表 3-1-10　2023 年 7 月出入库月报表(截至 2023 年 7 月 31 日 17：30)

序号	货物名称	入库量/箱	出库量/箱
1	红牛维生素营养液 500 mL	62	77
2	康师傅冰红茶 490 mL	23	28
3	康师傅绿茶 500 mL	49	63
4	惠尔康燕窝冬瓜茶 250 mL	125	147
5	绿力冬瓜茶 245 mL	39	46
6	康师傅冰绿茶 490 mL	88	102
7	绿力冬瓜茶 500 mL	229	221
8	惠尔康蜂蜜菊花茶 560 mL	52	45
9	惠尔康菊花茶饮料 250 mL	113	137
10	王老吉凉茶利乐包 250 mL	67	82
11	王老吉凉茶 310 mL	1 071	1 054
12	呦呦奶味茶 500 mL	114	122
13	娃哈哈蓝莓冰红茶 500 mL	914	986
14	农夫山泉饮用天然水 4 L	210	238
15	农夫山泉饮用天然水 550 mL	61	67
16	娃哈哈饮用纯净水 596 mL	195	163
17	农夫山泉饮用天然水 1.5 L	43	34
18	娃哈哈饮用纯净水 1.25 L	145	185
19	娃哈哈饮用纯净水 350 mL	1 586	1 559
20	农夫山泉饮用天然水 380 mL	48	56
21	娃哈哈纯真年代纯净水 596 mL	964	792

表 3-1-11　2023 年 8 月出入库月报表(截至 2023 年 8 月 31 日 17：30)

序号	货物名称	入库量/箱	出库量/箱
1	红牛维生素营养液 500 mL	78	63
2	康师傅冰红茶 490 mL	24	24
3	康师傅绿茶 500 mL	65	62
4	惠尔康燕窝冬瓜茶 250 mL	113	123
5	绿力冬瓜茶 245 mL	45	44
6	康师傅冰绿茶 490 mL	97	81

续表

序号	货物名称	入库量/箱	出库量/箱
7	娃哈哈冰红茶 500 mL	33	32
8	绿力冬瓜茶 500 mL	201	170
9	惠尔康蜂蜜菊花茶 560 mL	37	47
10	惠尔康菊花茶饮料 250 mL	132	119
11	王老吉凉茶利乐包 250 mL	71	67
12	王老吉凉茶 310 mL	770	751
13	呦呦奶味茶 500 mL	143	105
14	娃哈哈蓝莓冰红茶 500 mL	1 016	812
15	农夫山泉饮用天然水 4 L	221	262
16	农夫山泉饮用天然水 550 mL	47	72
17	娃哈哈饮用纯净水 596 mL	190	187
18	农夫山泉饮用天然水 1.5 L	46	41
19	娃哈哈饮用纯净水 1.25 L	176	177
20	娃哈哈饮用纯净水 350 mL	1 398	1 571
21	农夫山泉饮用天然水 380 mL	48	51
22	娃哈哈纯真年代纯净水 596 mL	759	964

表 3-1-12　2023 年 9 月出入库月报表(截至 2023 年 9 月 30 日 17：30)

序号	货物名称	入库量/箱	出库量/箱
1	红牛维生素营养液 500 mL	70	65
2	康师傅冰红茶 490 mL	17	25
3	康师傅绿茶 500 mL	49	66
4	惠尔康燕窝冬瓜茶 250 mL	113	122
5	绿力冬瓜茶 245 mL	36	47
6	康师傅冰绿茶 490 mL	76	81
7	娃哈哈冰红茶 500 mL	27	38
8	绿力冬瓜茶 500 mL	229	207
9	惠尔康蜂蜜菊花茶 560 mL	45	55
10	惠尔康菊花茶饮料 250 mL	122	126
11	王老吉凉茶利乐包 250 mL	64	69

续表

序号	货物名称	入库量/箱	出库量/箱
12	王老吉凉茶 310 mL	991	908
13	呦呦奶味茶 500 mL	117	145
14	娃哈哈蓝莓冰红茶 500 mL	1 113	1 054
15	农夫山泉饮用天然水 4 L	242	240
16	农夫山泉饮用天然水 550 mL	113	95
17	娃哈哈饮用纯净水 596 mL	155	201
18	农夫山泉饮用天然水 1.5 L	46	45
19	娃哈哈饮用纯净水 1.25 L	186	180
20	娃哈哈饮用纯净水 350 mL	1 782	1 625
21	农夫山泉饮用天然水 380 mL	53	52
22	娃哈哈纯真年代纯净水 596 mL	825	970

表 3-1-13　2023 年 10 月出入库月报表(截至 2023 年 10 月 31 日 17：30)

序号	货物名称	入库量/箱	出库量/箱
1	红牛维生素营养液 500 mL	45	60
2	康师傅冰红茶 490 mL	24	21
3	康师傅绿茶 500 mL	87	43
4	惠尔康燕窝冬瓜茶 250 mL	105	102
5	绿力冬瓜茶 245 mL	39	38
6	康师傅冰绿茶 490 mL	69	101
7	娃哈哈冰红茶 500 mL	20	47
8	绿力冬瓜茶 500 mL	98	234
9	惠尔康蜂蜜菊花茶 560 mL	54	37
10	惠尔康菊花茶饮料 250 mL	151	164
11	王老吉凉茶利乐包 250 mL	118	119
12	王老吉凉茶 310 mL	794	911
13	呦呦奶味茶 500 mL	120	118
14	娃哈哈蓝莓冰红茶 500 mL	881	795
15	农夫山泉饮用天然水 4 L	337	263
16	娃哈哈饮用纯净水 596 mL	226	270

续表

序号	货物名称	入库量/箱	出库量/箱
17	农夫山泉饮用天然水 1.5 L	36	29
18	娃哈哈饮用纯净水 1.25 L	227	126
19	娃哈哈饮用纯净水 350 mL	1 514	1 310
20	农夫山泉饮用天然水 380 mL	87	121
21	娃哈哈纯真年代纯净水 596 mL	995	657

知识准备

一、库存结余量

在商业运营中，库存管理是非常重要的一环。库存管理的目的是保证企业能够及时满足客户的需求，同时又不会因为库存过多而造成资金的浪费。通过对库存、入库量、出库量和库存结余量的核算和管理，可以更好地了解企业的库存状况，及时调整库存策略，提高库存管理水平，实现企业的经营目标。

1. 库存

库存是指储存作为今后按预定的目的使用而处于闲置或非生产状态的物品。广义的库存还包括处于制造加工状态和运输状态的物品。

2. 入库量

入库量是指在某一时期的入库数量。入库的数量是企业库存增加的主要来源之一，因此，企业需要对入库进行精细的管理，以确保库存的合理增长。

3. 出库量

出库量是指在某一时期内销售或消耗的存货数量。出库的数量是企业库存减少的主要来源之一，因此，企业需要对出库进行精细的管理，以确保库存的合理减少。

4. 库存结余量

库存结余量是指企业在某一时期结束时所拥有的存货数量，能够帮助企业了解库存状况，及时调整库存策略，提高库存管理水平。

库存结余量的计算公式：库存结余量=上期库存结余量+入库量-出库量。

二、库存结余金额

库存结余金额可以反映出在某一时间点(如月末、年末)结账后仓库实际的库存金额。

库存结余金额的计算公式：库存结余金额=库存结余量×库存货品单价。

任务实施

出入库数量及金额统计

准备：

步骤一：将 2022 年 11 月—2023 年 10 月入库量、出库量信息复制到 Excel 表格，完成每个月出入库数量及金额统计，如图 3-1-1 所示。

货物名称	入库量（箱）	出库量（箱）
红牛维生素营养液500 mL	78	63
康师傅冰红茶490 mL	24	24
康师傅绿茶500 mL	65	62
惠尔康燕窝冬瓜茶250 mL	113	123
绿力冬瓜茶245 mL	45	44
康师傅冰绿茶490 mL	97	81
娃哈哈冰红茶500 mL	33	32

货物名称	入库量（箱）	出库量（箱）
红牛维生素营养液500 mL	70	65
康师傅冰红茶490 mL	17	25
康师傅绿茶500 mL	49	66
惠尔康燕窝冬瓜茶250 mL	113	122
绿力冬瓜茶245 mL	36	47
康师傅冰绿茶490 mL	76	81
娃哈哈冰红茶500 mL	27	38
绿力冬瓜茶500 mL	229	207

货物名称	入库量（箱）	出库量（箱）
红牛维生素营养液500 mL	45	60
康师傅冰红茶490 mL	24	21
康师傅绿茶500 mL	87	43
惠尔康燕窝冬瓜茶250 mL	105	102
绿力冬瓜茶245 mL	39	38
康师傅冰绿茶490 mL	69	101
娃哈哈冰红茶500 mL	20	47
绿力冬瓜茶500 mL	98	234
惠尔康蜂蜜菊花茶560 mL	54	37

图 3-1-1　2022 年 11 月—2023 年 10 月入库量、出库量统计

步骤二：利用 Excel 数据透视表对 2022 年 11 月—2023 年 10 月仓库内货物的入库量、出库量进行求和。

（1）将需处理的信息区域进行全选，单击插入，打开数据透视表，如图 3-1-2 所示。

来自表格或区域的数据透视表

选择表格或区域

表/区域(T):

选择放置数据透视表的位置

新工作表(N)

现有工作表(E)

位置(L): '111'!$H$24

选择是否想要分析多个表

将此数据添加到数据模型(M)

确定　取消

图 3-1-2　打开数据透视表

(2)单击现有工作表，选取数据透视表的位置，如图 3-1-3 所示。

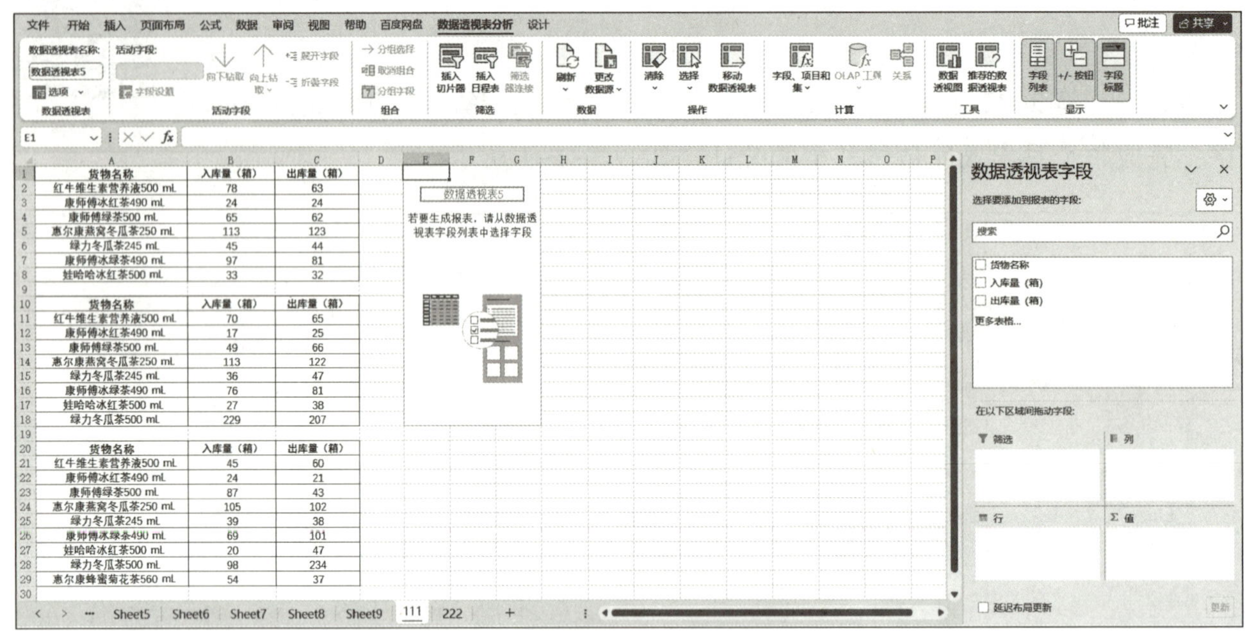

图 3-1-3　选取数据透视表的位置

(3)将货品名称字段拖至“行”、将出入库量字段拖至“值”，将出库量、入库量“值字段设置”的计算类型设为“求和”，计算出库量和入库量求和项，如图 3-1-4 所示。

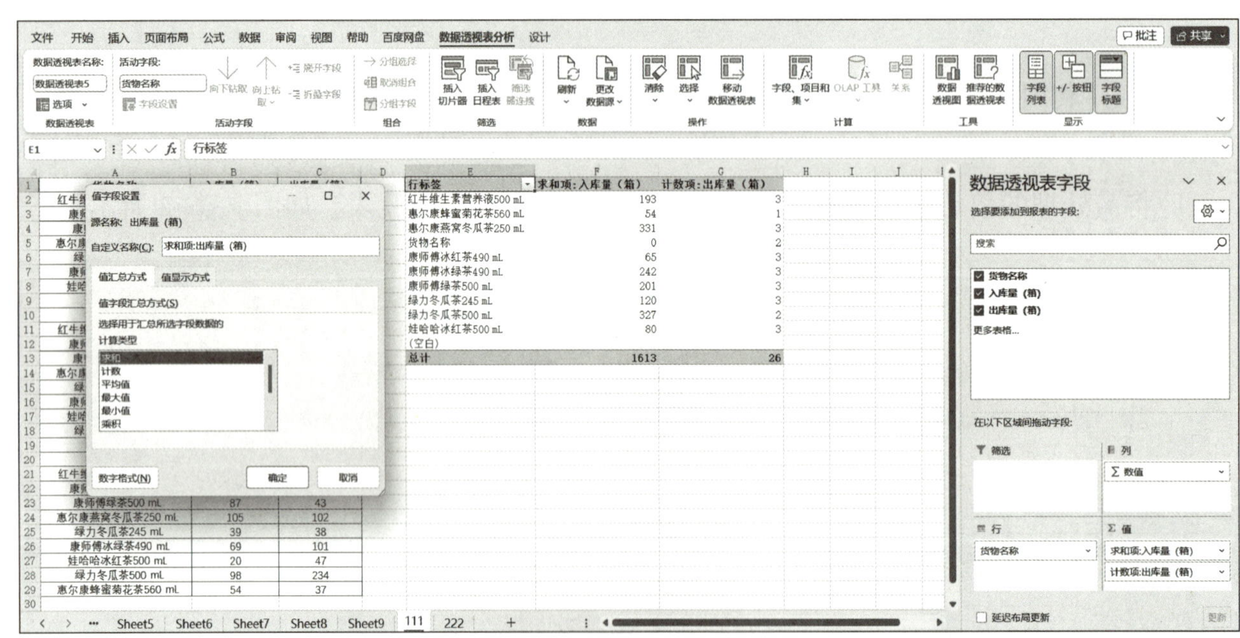

图 3-1-4　利用透视表计算出库量和入库量求和项

步骤三：利用库存结余量公式，以任务为例利用 VLOOKUP 函数计算出货物的库存结余，计算过程如图 3-1-5 所示。以娃哈哈饮用纯净水 350 mL 为例，库存结余计算公式如下：

=IFERROR(VLOOKUP(I3，$O$3：$Q$19，3，0)，0)，计算出所有货物库存结余量后，用公式“库存结余=初始数量+入库量-出库量”得出所有货物的库存结余。

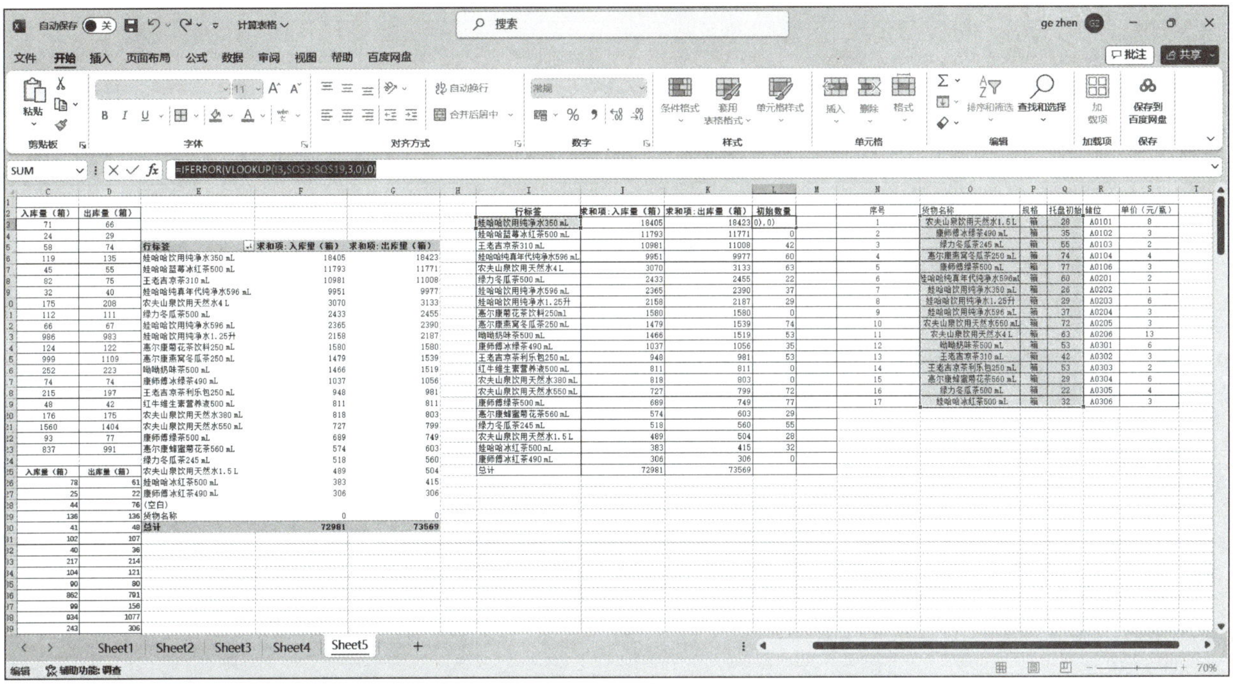

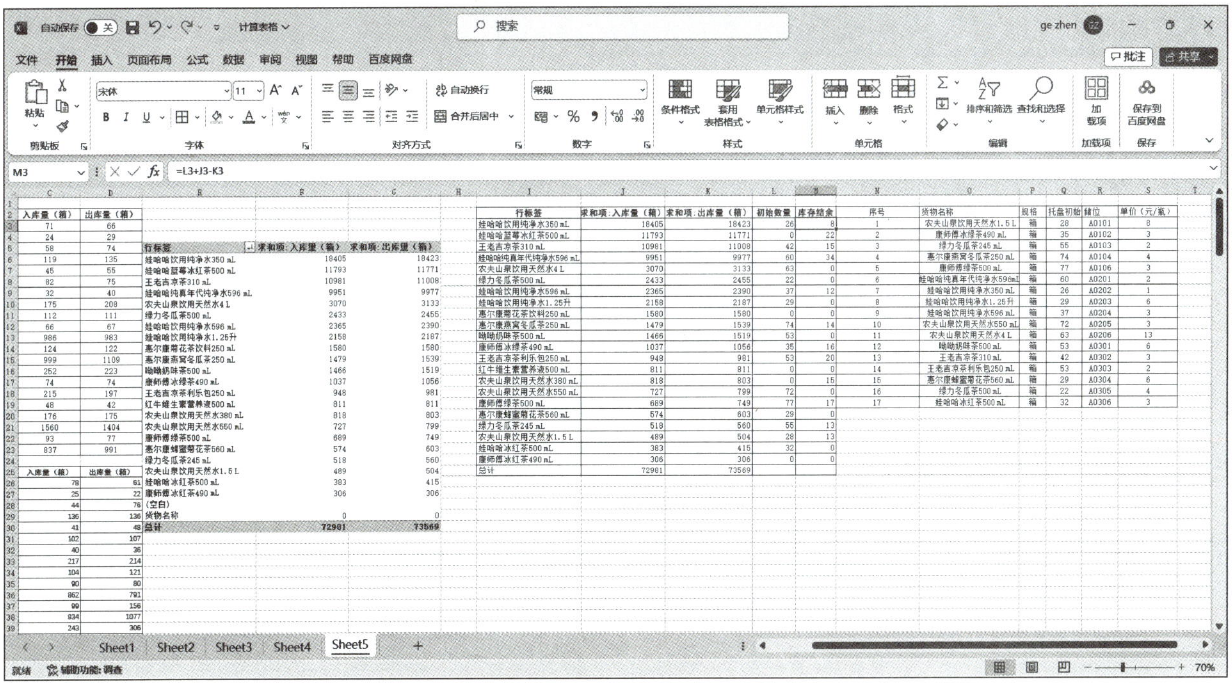

SUM =IFERROR(VLOOKUP(I3,$O$3:$Q$19,3,0),0)

入库量（箱）	出库量（箱）
71	66
24	29
58	74
119	135
45	55
82	75
32	40
175	208
112	111
66	67
986	983
124	122
999	1109
252	223
74	74
215	197
48	42
176	175
1560	1404
93	77
837	991

入库量（箱）	出库量（箱）
78	61
25	22
44	76
136	136
41	48
102	107
40	36
217	214
104	121
90	80
862	791
99	156
934	1077
243	306

行标签	求和项：入库量（箱）	求和项：出库量（箱）
娃哈哈饮用纯净水350 mL	18405	18423
娃哈哈蓝莓冰红茶500 mL	11793	11771
王老吉凉茶310 mL	10981	11008
娃哈哈纯真年代纯净水596 mL	9951	9977
农夫山泉饮用天然水4 L	3070	3133
绿力冬瓜茶500 mL	2433	2455
娃哈哈饮用纯净水596 mL	2365	2390
娃哈哈饮用纯净水1.25升	2158	2187
惠尔康菊花茶饮料250 mL	1580	1580
惠尔康燕窝冬瓜茶250 mL	1479	1539
呦呦奶味茶500 mL	1466	1519
康师傅冰绿茶490 mL	1037	1056
王老吉凉茶利乐包250 mL	948	981
红牛维生素营养液500 mL	811	811
农夫山泉饮用天然水380 mL	818	803
农夫山泉饮用天然水550 mL	727	799
康师傅绿茶500 mL	689	749
惠尔康蜂蜜菊花茶560 mL	574	603
绿力冬瓜茶245 mL	518	560
农夫山泉饮用天然水1.5 L	489	504
娃哈哈冰红茶500 mL	383	415
康师傅冰红茶490 mL	306	306
(空白)		
货物名称	0	0
总计	72981	73569

行标签	求和项：入库量（箱）	求和项：出库量（箱）	初始数量
娃哈哈饮用纯净水350 mL	18405	18423	0),0)
娃哈哈蓝莓冰红茶500 mL	11793	11771	0
王老吉凉茶310 mL	10981	11008	42
娃哈哈纯真年代纯净水596 mL	9951	9977	60
农夫山泉饮用天然水4 L	3070	3133	63
绿力冬瓜茶500 mL	2433	2455	22
娃哈哈饮用纯净水596 mL	2365	2390	37
娃哈哈饮用纯净水1.25升	2158	2187	29
惠尔康菊花茶饮料250 mL	1580	1580	0
惠尔康燕窝冬瓜茶250 mL	1479	1539	74
呦呦奶味茶500 mL	1466	1519	53
康师傅冰绿茶490 mL	1037	1056	35
王老吉凉茶利乐包250 mL	948	981	53
红牛维生素营养液500 mL	811	811	0
农夫山泉饮用天然水380 mL	818	803	0
农夫山泉饮用天然水550 mL	727	799	72
康师傅绿茶500 mL	689	749	77
惠尔康蜂蜜菊花茶560 mL	574	603	29
绿力冬瓜茶245 mL	518	560	55
农夫山泉饮用天然水1.5 L	489	504	28
娃哈哈冰红茶500 mL	383	415	32
康师傅冰红茶490 mL	306	306	0
总计	72981	73569	

序号	货物名称	规格	托盘初始	储位	单价（元/瓶）
1	农夫山泉饮用天然水1.5 L	箱	28	A0101	8
2	康师傅冰绿茶490 mL	箱	35	A0102	3
3	绿力冬瓜茶245 mL	箱	55	A0103	2
4	惠尔康燕窝冬瓜茶250 mL	箱	74	A0104	4
5	康师傅绿茶500 mL	箱	77	A0106	3
6	娃哈哈纯真年代纯净水596mL	箱	60	A0201	2
7	娃哈哈饮用纯净水350 mL	箱	26	A0202	1
8	娃哈哈饮用纯净水1.25升	箱	29	A0203	6
9	娃哈哈饮用纯净水596 mL	箱	37	A0204	3
10	农夫山泉饮用天然水550 mL	箱	72	A0205	3
11	农夫山泉饮用天然水4 L	箱	63	A0206	13
12	呦呦奶味茶500 mL	箱	53	A0301	6
13	王老吉凉茶310 mL	箱	42	A0302	3
14	王老吉凉茶利乐包250 mL	箱	53	A0303	2
15	惠尔康蜂蜜菊花茶560 mL	箱	29	A0304	6
16	绿力冬瓜茶500 mL	箱	22	A0305	4
17	娃哈哈冰红茶500 mL	箱	32	A0306	3

M3 =L3+J3-K3

入库量（箱）	出库量（箱）
71	66
24	29
58	74
119	135
45	55
82	75
32	40
175	208
112	111
66	67
986	983
124	122
999	1109
252	223
74	74
215	197
48	42
176	175
1560	1404
93	77
837	991

入库量（箱）	出库量（箱）
78	61
25	22
44	76
136	136
41	48
102	107
40	36
217	214
104	121
90	80
862	791
99	156
934	1077
243	306

行标签	求和项：入库量（箱）	求和项：出库量（箱）
娃哈哈饮用纯净水350 mL	18405	18423
娃哈哈蓝莓冰红茶500 mL	11793	11771
王老吉凉茶310 mL	10981	11008
娃哈哈纯真年代纯净水596 mL	9951	9977
农夫山泉饮用天然水4 L	3070	3133
绿力冬瓜茶500 mL	2433	2455
娃哈哈饮用纯净水596 mL	2365	2390
娃哈哈饮用纯净水1.25升	2158	2187
惠尔康菊花茶饮料250 mL	1580	1580
惠尔康燕窝冬瓜茶250 mL	1479	1539
呦呦奶味茶500 mL	1466	1519
康师傅冰绿茶490 mL	1037	1056
王老吉凉茶利乐包250 mL	948	981
红牛维生素营养液500 mL	811	811
农夫山泉饮用天然水380 mL	818	803
农夫山泉饮用天然水550 mL	727	799
康师傅绿茶500 mL	689	749
惠尔康蜂蜜菊花茶560 mL	574	603
绿力冬瓜茶245 mL	518	560
农夫山泉饮用天然水1.5 L	489	504
娃哈哈冰红茶500 mL	383	415
康师傅冰红茶490 mL	306	306
(空白)		
货物名称	0	0
总计	72981	73569

行标签	求和项：入库量（箱）	求和项：出库量（箱）	初始数量	库存结余
娃哈哈饮用纯净水350 mL	18405	18423	26	8
娃哈哈蓝莓冰红茶500 mL	11793	11771	0	22
王老吉凉茶310 mL	10981	11008	42	15
娃哈哈纯真年代纯净水596 mL	9951	9977	60	34
农夫山泉饮用天然水4 L	3070	3133	63	0
绿力冬瓜茶500 mL	2433	2455	22	0
娃哈哈饮用纯净水596 mL	2365	2390	37	12
娃哈哈饮用纯净水1.25升	2158	2187	29	0
惠尔康菊花茶饮料250 mL	1580	1580	0	0
惠尔康燕窝冬瓜茶250 mL	1479	1539	74	14
呦呦奶味茶500 mL	1466	1519	53	0
康师傅冰绿茶490 mL	1037	1056	35	16
王老吉凉茶利乐包250 mL	948	981	53	20
红牛维生素营养液500 mL	811	811	0	0
农夫山泉饮用天然水380 mL	818	803	0	15
农夫山泉饮用天然水550 mL	727	799	72	0
康师傅绿茶500 mL	689	749	77	17
惠尔康蜂蜜菊花茶560 mL	574	603	29	0
绿力冬瓜茶245 mL	518	560	55	13
农夫山泉饮用天然水1.5 L	489	504	28	13
娃哈哈冰红茶500 mL	383	415	32	0
康师傅冰红茶490 mL	306	306	0	0
总计	72981	73569		

序号	货物名称	规格	托盘初始	储位	单价（元/瓶）
1	农夫山泉饮用天然水1.5 L	箱	28	A0101	8
2	康师傅冰绿茶490 mL	箱	35	A0102	3
3	绿力冬瓜茶245 mL	箱	55	A0103	2
4	惠尔康燕窝冬瓜茶250 mL	箱	74	A0104	4
5	康师傅绿茶500 mL	箱	77	A0106	3
6	娃哈哈纯真年代纯净水596mL	箱	60	A0201	2
7	娃哈哈饮用纯净水350 mL	箱	26	A0202	1
8	娃哈哈饮用纯净水1.25升	箱	29	A0203	6
9	娃哈哈饮用纯净水596 mL	箱	37	A0204	3
10	农夫山泉饮用天然水550 mL	箱	72	A0205	3
11	农夫山泉饮用天然水4 L	箱	63	A0206	13
12	呦呦奶味茶500 mL	箱	53	A0301	6
13	王老吉凉茶310 mL	箱	42	A0302	3
14	王老吉凉茶利乐包250 mL	箱	53	A0303	2
15	惠尔康蜂蜜菊花茶560 mL	箱	29	A0304	6
16	绿力冬瓜茶500 mL	箱	22	A0305	4
17	娃哈哈冰红茶500 mL	箱	32	A0306	3

图 3-1-5 利用 VLOOKUP 函数计算出货物的库存结余

步骤四：根据库存结余金额公式，计算出库存结余金额。

先利用函数=IFERROR(VLOOKUP(I3，$O$3：$Q$19，3，0)，0)找出所有货物的价格，再用“库存结余金额=库存结余量×库存货品单价”计算所有货物的库存结余金额，如图 3-1-6 所示。

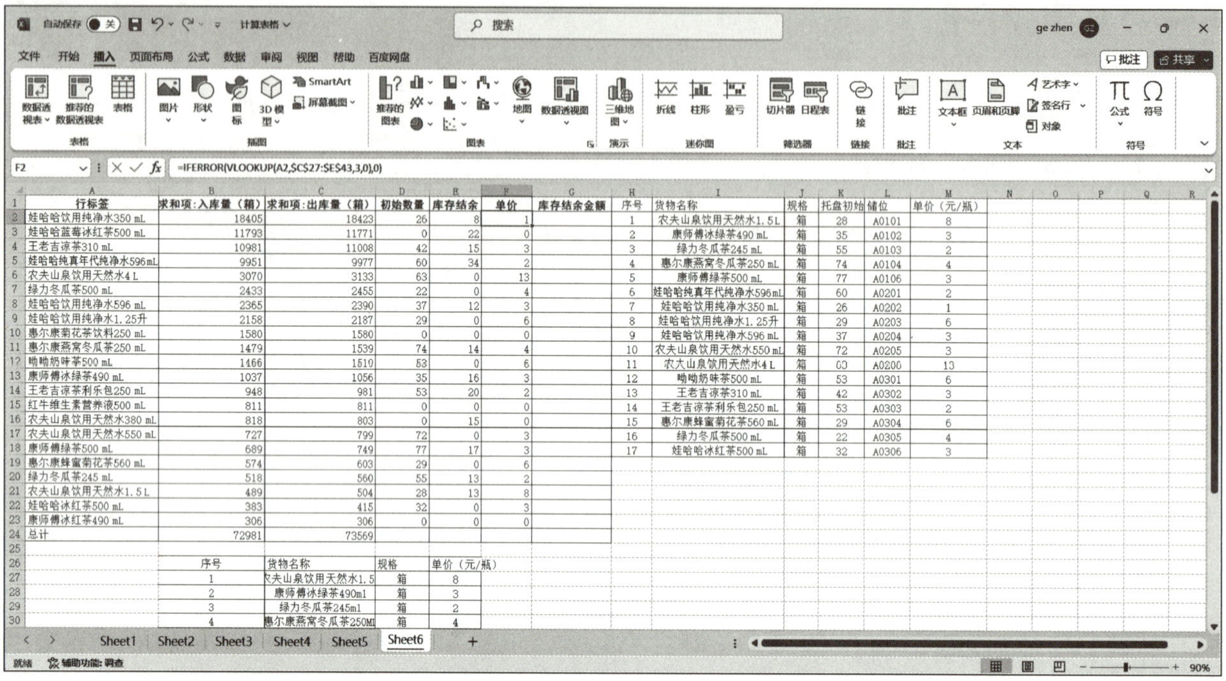

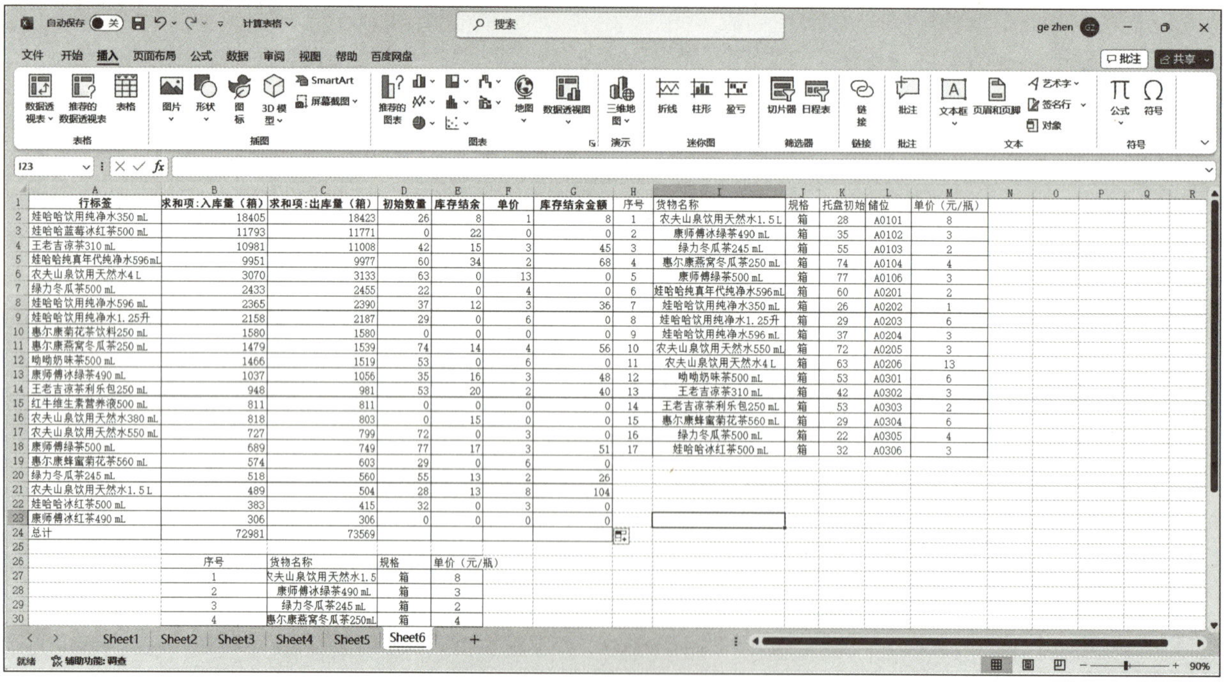

图 3-1-6　库存结余金额的计算

任务评价

请完成出入库数量及金额统计任务评价表(见表 3-1-14)。

表 3-1-14　出入库数量及金额统计任务评价表

内容	评价任务	要素说明	分值	自评	他评	师评	合计
知识与技能	将入库量、出库量信息复制到Excel 表格，完成每个月出入库数量及金额统计	Excel 表格基本应用	10				
	利用 Excel 数据透视表对仓库内货物的入库量、出库量进行求和	Excel 数据透视表应用	30				
	用公式“库存结余=初始数量+入库量-出库量”得出所有货物的库存结余	库存结余量概念及计算公式	30				
	根据库存结余金额公式，计算出库存结余金额	库存结余金额概念及计算公式	30				
过程与方法	积极参与，态度端正，互助合作		100				
情感、态度、价值观	培养一丝不苟、持之以恒的学习精神，树立劳动精神、工匠精神		100				
合计			300				

实训任务描述

独立完成本任务，详细填写出入库数量及金额统计实训报告(见表 3-1-15)。

实训报告

表 3-1-15　出入库数量及金额统计实训报告

姓名		学号	
专业		班级	
实训日期		指导教师	
实训项目			

续表

实训步骤： 步骤一：   步骤二：   步骤三：   步骤四：
实训收获及反思：

任务 2　货位存储图的编制

任务描述

A 物流有限公司是一家专业化从事运输、仓储、配送、进出口代理等业务的综合性第三方物流公司，为客户提供全方位的优质服务。吴刘是一名中职物流服务与管理专业的学生，在 A 物流有限公司实习。公司主管给吴刘布置了以下任务：根据托盘货架 A 区 2022 年 10 月 31 日库存结余信息表(截至 2022 年 10 月 31 日 17：30)，如表 3-2-1 所示，编制完成货架存储图，如图 3-2-1 所示。

表 3-2-1　2022 年 10 月 31 日库存结余信息表(截至 2022 年 10 月 31 日 17：30)

序号	货物名称	规格	托盘初始	储位
1	农夫山泉饮用天然水 1.5 L	箱	28	A0101
2	康师傅冰绿茶 490 mL	箱	35	A0102
3	绿力冬瓜茶 245 mL	箱	10	A0103
4	惠尔康燕窝冬瓜茶 250 mL	箱	10	A0104
5	康师傅绿茶 500 mL	箱	10	A0106
6	娃哈哈纯真年代纯净水 596 mL	箱	20	A0201
7	娃哈哈饮用纯净水 350 mL	箱	26	A0202
8	娃哈哈饮用纯净水 1.25 L	箱	29	A0203
9	娃哈哈饮用纯净水 596 mL	箱	37	A0204
10	农夫山泉饮用天然水 550 mL	箱	10	A0205
11	农夫山泉饮用天然水 4 L	箱	10	A0206
12	呦呦奶味茶 500 mL	箱	20	A0301
13	王老吉凉茶 310 mL	箱	20	A0302
14	王老吉凉茶利乐包 250 mL	箱	20	A0303
15	惠尔康蜂蜜菊花茶 560 mL	箱	20	A0304
16	绿力冬瓜茶 500 mL	箱	22	A0305
17	娃哈哈冰红茶 500 mL	箱	32	A0306

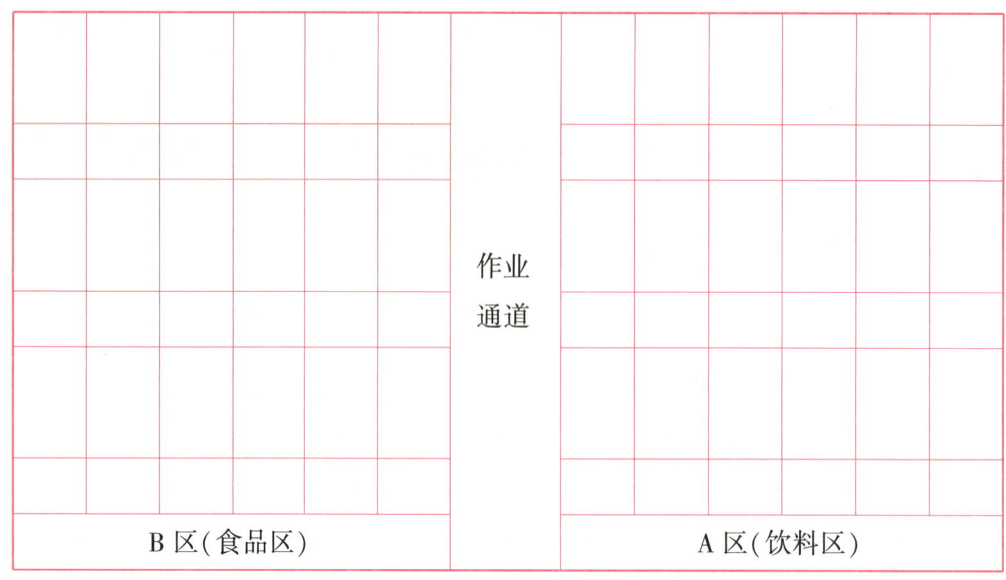

图 3-2-1　货架存储图(每空格代表一个货位，三层六列)

知识准备

储位管理就是利用储位使物品处于被保管状态，即利用这种管理明确地指示储位的位置、物品在储位上的变动情况等。一旦物品处于被保管状态，工作人员就能时时刻刻掌握物品的去向、数量并了解其实时位置。

一、储位管理的基本原则(见表 3-2-2)

表 3-2-2　储位管理的基本原则

储位标识明确	先将储存区域详细划分并加以编号，让每一种预备存储的商品都有位置可以存放。存放位置必须是经过储位编码的明确的储存位置，不可以是边界含糊不清的位置。例如，仓库过道、楼梯、仓库角落等位置严禁被当作储位使用。使用这些位置短时间会得到一些方便，但会影响商品的进出，违背了储位管理的基本原则
商品定位有效	依据商品保管方式的不同，应该为每种商品确定合适的储存单位、储存策略、分配规则。储存商品要考虑把货品有效地配置在先前所规划的储位上，规划要规范、合理。例如，需特殊冷藏的药品就该放冷藏库；出入库频率速度快的商品就该放置在靠近出口处或装卸搬运方便的地方；茶叶等不能和有异味的商品放在一起存放等
变动更新及时	当商品被有效地配置在规划好的储位上之后，接下来的工作就是储位的维护。商品的位置或数量发生改变时，必须及时地把变动情形加以记录，以使记录与实物数量能够完全吻合。本项原则是进行储位管理中最困难的部分，也是目前各仓库储位管理作业成败的关键所在

二、储位规划方法

在存储作业中，为有效对商品进行科学管理，必须根据仓库、存储商品的具体情况，实行仓库分区、商品分类和定位保管。

仓库分区就是根据库房、货场条件将仓库分为若干区域，例如，在港口堆场，会将仓储区域分为木材仓储区、矿砂仓储区、散粮仓储区等。

商品分类就是根据商品的不同属性将存储商品划分为若干大类。

定位保管就是在分区、分类的基础上固定每种商品在仓库中具体存放的位置。

(一) 物品分区分类储存的概念

仓库物品的分区分类储存是根据“四一致”(性能一致、养护措施一致、作业手段一致、消防方法一致)的原则，把仓库划分为若干保管区域，把储存物品划分为若干类别，以便统一规划储存和保管。

(二) 物品分区分类储存的方法

由于仓库的类型、规模、经营范围、用途各不相同，各种仓储物品的性质、养护方法也迥然不同。分区分类储存是指根据物品的特性、用途、保管要求等因素，将仓库划分为不同的储存区域，以便更好地管理和控制库存。以下是一些常见的分区分类储存方法：

1. 按物品的种类和性质分区分类储存

按照物品的自然属性，把怕热、怕光、怕潮、怕冻、怕风等具有不同自然属性的物品分类后再集中起来分区存放，并安排适当的储存场所。

如药品与非药品、内用药与外用药、处方药与非处方药之间应分开存放；易串味的药品、中药材、中药饮品以及危险品等应与其他药品分开存放；麻醉药品、一类精神药品、医疗用毒性药品、放射性药品应当专库或专柜存放；隔离储存危险品；专用仓库储存食用糖、肥皂、卷烟等。

2. 按物品的危险性质分区分类储存

物品的危险性质主要是指易燃易爆、易氧化、腐蚀性、毒害性、放射性等。这种方法主要适用于化学危险品仓库，储存时可根据危险品易燃、易爆、有毒的性质以及不同的灭火方法，进行分区分类。

3. 按物品的发运地分区分类储存

这种方法主要适用于物料存放时间短的中转仓库或口岸仓库，可按物品的发往地区、运输方式及货主进行分区分类储存。要先按不同的运输方式划分：如铁路、公路、水路等，再按物料运送的不同路线划分，然后按物料发往的不同地点划分。

4. 按仓储作业的特点分区分类储存

5. 按仓库的条件及物品的特性分区分类储存

6. 按不同货主的储存物料进行分区分类存储

这通常是综合性仓库采用的方法，目的是与货主对口衔接，防止不同货主的物料混淆，便于联系、核对。在具体存放时，还应按物料性能进一步分区分类，以保证物料安全储存。

(三)仓库分区

仓库分区是根据仓库建筑形式、面积大小、库房、货场和库内道路的分布情况，并结合考虑商品分类情况及各类商品的储存量，将仓库划分为若干区域，以确定每类商品的储存区。库区的划分一般在库房、货场的基础上进行，多层库房分区时也可按照楼层划分货区。

(四)储位确定

在进行储区规划时应充分考虑商品的特性、轻重、形状及周转率情况，根据一定的分配原则确定商品在仓库中具体存放的位置。

1. 根据商品周转率确定储位

通常我们将高周转、出入库频繁的货物放置在靠近作业通道或出口的位置，以加快作业速度和缩短搬运距离，方便货物出入库。

2. 根据商品相关性确定储位

有些库存的商品具有很强的相关性，将经常被同时订购或出仓的货品尽可能规划在同一储区或相近储区，以缩短拣选路径和拣货时间。

3. 根据商品特性确定储位

为了避免商品在储存过程中相互影响，性质相同或所要求保管条件相近的商品应集中存放，并相应安排在条件适宜的库房或货场，即将同一种货物存在同一保管位置，产品性能类似或互补的商品放在相邻位置。将相容性低，特别是互相影响其质量的商品分开存放。这样既能提高作业效率，又能防止商品在保管期间受到损失。

特殊商品的储区规划：

①易燃物品必须存放在具有高度防护作用的独立空间内，且必须安装适当的防火设备。

②易腐物品需储存在冷冻、冷藏或其他特殊的设备内。

③易污损物品需与其他物品隔离。

④易被窃物品必须隔离封闭管理。

4. 根据商品体积、重量特性确定储位

在仓库布局时，必须同时考虑商品体积、形状、重量单位的大小，以确定商品所需堆码的空间。通常在仓库中将重物放置在较低层，轻物放置在较高层，既能保持仓库的稳定性、安全性，又能方便仓储人员进行人工搬运。

5. 根据商品先进先出的原则确定储位

先进先出指先入库的商品先安排出库，对于保质期较短的货品，需要按照先进先出的原则进行存储，以便及时处理和避免损失。尤其对于化学品、速冻食品等易变质的商品，应考虑的原则是“先到期的先出货”。

确定储位时需要考虑多种因素，以便实现仓库的高效管理和控制。除上述原则外，还应做到以下几点：

(1)为了提高储存空间的利用率，合理利用积层架、托盘等工具，应使商品储放向空间发展。

(2)货物应面对通道，将货品信息直接呈现给仓储作业人员，方便仓储作业人员进行仓储作业，提高货物的活性化程度。

(3)保管商品的位置必须明确标示，保管场所必须清楚，易于识别、联想和记忆。

另外，在规划储位时应注意保留一定的机动储位，以便当商品大量入库时可以调剂储位的使用，避免打乱正常储位安排。

三、储位编码的要求

储位编码是将库房、货场、货棚、货垛、货架及物品的存放具体位置按顺序统一编列号码，并做出明显标志。实行储位编码、做好储位编码工作可以有效地提高仓库的运营效率和管理水平，减少串号和错发现象，便于仓管员之间的合作互助、调闲帮忙，也有利于仓储物品的检查监督和盘存统计，为实现账、卡、物、资金的“四对口”创造条件。

在品种、数量繁多以及进出库频率高的仓库里，仓库主管必须正确掌握每批物品的存放位置。储位编码就如物品在库房中的“住址”，做好储位编码工作，应该从不同库房条件、物品类别和批量整零的情况出发，搞好储位画线及编码秩序，以符合“标志明显易找，编排循规有序”的要求。

1. 标志设置要适宜、规范

储位编码的标志设置要因地制宜，采取适当方法，选择适当位置。例如，仓库标志可在库门外挂牌；库房标志可写在库门上；货物货位标志可竖立标牌；多层建筑库房的走道、支道、段位的标志一般都刷置在水泥或木板地坪上；存放粉末类、大件笨重类物品的库房其标志也有印置在天花板上的；泥土地坪的简易货棚内的货位标志可利用柱、墙、顶、梁刷置或悬挂标牌。

2. 明确标识

储位编码应清晰明了，方便查找和识别，可以采用标签或标牌等方式进行标识。

3. 统一规则

储位编码应遵循统一的规则，以便管理和操作，可以采用字母、数字或字母数字组合等方式进行编码。

4. 分类编码

对于不同种类的货物应采用不同的储位编码，以便区分和管理，可以根据货物的种类、特性、用途等因素进行分类编码。

5. 预留空间

储位编码应预留一定的空间，以便添加新的货物和调整货位，可以根据仓库的实际情况进行规划和管理。

四、储位编码的方法

1. 库房储位编码

对库房、货棚、货场齐备的仓库，在编号时，应做到房、棚、场各有名号。对多层库的编号排列，可采用“三号定位”或“四号定位”法。

“三号定位”是用三个数字号码表示。个位数指仓间编号，十位数指楼层编号，百位数指仓库的编号。例如，5—8—2，就是5号库、8层楼、2号仓间。

“四号定位”是采用4个数字号码对应库房(货场)、货架(货区)、层次(排次)、货位(垛位)进行统一编号。个位数指货位或垛位编号，十位数指货区排次或货架层次编号，百位数指货区或货架编号，千位数指库房或货场编号。例如，“6—3—2—12”即指6号库房(6号货场)、3号货架(3号货区)、第2层(第2排)、12号货位(12号垛位)。编号时，为防止出现错认，可在第一位数字后加上拼音首字母“K”“C”或“P”来表示，这3个字母分别代表库房、货场、货棚。如10K—12—3—25，即为10号库、12号货架、第3层、第25号货位。

2. 货场储位编码

货场储位编码一般有两种方法：

(1)按照货位的排列编成排号，再在排号内按顺序编号。

(2)不编排号，采取自左至右或自前至后的方法，按顺序编号。

货位存储图的编制

任务实施

准备：

打开 Microsoft Office 2016(中文版)，输入如图3-2-2所示的表格。

<table>
<tr><td rowspan="7">作业
通道</td><td></td><td></td><td></td><td></td><td></td><td></td></tr>
<tr><td></td><td></td><td></td><td></td><td></td><td></td></tr>
<tr><td></td><td></td><td></td><td></td><td></td><td></td></tr>
<tr><td></td><td></td><td></td><td></td><td></td><td></td></tr>
<tr><td></td><td></td><td></td><td></td><td></td><td></td></tr>
<tr><td></td><td></td><td></td><td></td><td></td><td></td></tr>
<tr><td colspan="6">A 区(饮料区)</td></tr>
</table>

图3-2-2 A区(饮料区)示意图

步骤一：根据货品属性确定产品分区，将同类货物摆放到同一区域。表 3-2-1 农夫山泉饮用天然水 1.5 L、康师傅冰绿茶 490 mL 等货物都属于饮料类货物，需要统一放到 A 区(饮料区)。

步骤二：

(1)根据储位编码规则对饮料区内货位进行编码。以第一层为例，采用三号定位法，首先确定分区为饮料区 A 区，确定货架层数 01，货位分别为 01～06，顺序自左至右排序，如图 3-2-3 所示。

作业通道						
	A0101	A0102	A0103	A0104	A0105	A0106
	A 区(饮料区)					

图 3-2-3　A 区(饮料区)第一层货位编码示意图

(2)根据托盘货架 A 区 2022 年 10 月 31 日 17：30 库存结余信息将货物放置到合适的储位。以第一层为例，如图 3-2-4 所示。

作业通道						
	农夫山泉饮用天然水 1.5 L	康师傅冰绿茶 490 mL	绿力冬瓜茶 245 mL	惠尔康燕窝冬瓜茶 250 mL		康师傅绿茶 500 mL
	A0101	A0102	A0103	A0104	A0105	A0106
	A 区(饮料区)					

图 3-2-4　A 区(饮料区)第一层货物摆放

步骤三：根据库存结余信息将储位图补全，完成货位储位图 3-2-5。

作业通道	呦呦奶味茶 500 mL	王老吉凉茶 310 mL	王老吉凉茶利乐包 250 mL	惠尔康蜂蜜菊花茶 560 mL	绿力冬瓜茶 500 mL	娃哈哈冰红茶 500 mL
	A0301	A0302	A0303	A0304	A0305	A0306
	娃哈哈纯真年代纯净水 596 mL	娃哈哈饮用纯净水 350 mL	娃哈哈饮用纯净水 1.25 L	娃哈哈饮用纯净水 596 mL	农夫山泉饮用天然水 550 mL	农夫山泉饮用天然水 4 L
	A0201	A0202	A0203	A0204	A0205	A0206
	农夫山泉饮用天然水 1.5 L	康师傅冰绿茶 490 mL	绿力冬瓜茶 245 mL	惠尔康燕窝冬瓜茶 250 mL		康师傅绿茶 500 mL
	A0101	A0102	A0103	A0104	A0105	A0106
	A 区(饮料区)					

图 3-2-5　货位储位图

任务评价

请完成货位存储图的编制任务评价表(见表 3-2-3)。

表 3-2-3　货位存储图的编制任务评价表

内容	评价任务	要素说明	分值	自评	他评	师评	合计
知识与技能	根据货品属性确定产品分区，将同类货物摆放到同一区域	储位管理的基本原则	30				
	根据储位编码规则对饮料区内货位进行编码	储位编码的要求和方法	40				
	根据库存结余信息将储位图补全，完成货位储位图	储位规划方法	30				
过程与方法	积极参与，态度端正，互助合作		100				
情感、态度、价值观	培养一丝不苟、持之以恒的学习精神 树立劳动精神、工匠精神		100				
合计			300				

实训任务描述

独立完成本任务，详细填写货位储位图的编制实训报告(见表 3-2-4)。

表 3-2-4 货位存储图的编制实训报告

<table>
<tr><td>姓名</td><td></td><td>学号</td><td></td></tr>
<tr><td>专业</td><td></td><td>班级</td><td></td></tr>
<tr><td>实训日期</td><td></td><td>指导教师</td><td></td></tr>
<tr><td>实训项目</td><td colspan="3"></td></tr>
<tr><td colspan="4">实训步骤：
步骤一：

步骤二：

步骤三：

</td></tr>
<tr><td colspan="4">实训收获及反思：

</td></tr>
</table>

任务 3 物动量 ABC 分类法的计算

任务描述

A 物流有限公司是一家专业化从事运输、仓储、配送、进出口代理等业务的综合性第三方物流公司，为客户提供全方位的优质服务。吴刘是一名中职物流服务与管理专业的学生，在 A 物流有限公司实习。

前期吴刘已经完成托盘货架区 2022 年 10 月 31 日—2023 年 10 月 31 日出入库汇总报表中的出入库数据汇总。主管要求吴刘通过数据的处理对仓库货物进行 ABC 分类。根据托盘货架 A 区 2023 年 8—10 月出入库统计报表，如表 3-3-1、表 3-3-2、表 3-3-3 所示，完成该区货物的 ABC 分类表，计算过程保留两位小数(如 12.14%)。

表 3-3-1 出入库月报表(截至 2023 年 8 月 31 日 17：30)

序号	货物名称	入库量/箱	出库量/箱
1	红牛维生素营养液 500 mL	78	63
2	康师傅冰红茶 490 mL	24	24
3	康师傅绿茶 500 mL	65	62
4	惠尔康燕窝冬瓜茶 250 mL	113	123
5	绿力冬瓜茶 245 mL	45	44
6	康师傅冰绿茶 490 mL	97	81
7	娃哈哈冰红茶 500 mL	33	32
8	绿力冬瓜茶 500 mL	201	170
9	惠尔康蜂蜜菊花茶 560 mL	37	47
10	惠尔康菊花茶饮料 250 mL	132	119
11	王老吉凉茶利乐包 250 mL	71	67
12	王老吉凉茶 310 mL	770	751
13	呦呦奶味茶 500 mL	143	105
14	娃哈哈蓝莓冰红茶 500 mL	1 016	812
15	农夫山泉饮用天然水 4 L	221	262
16	农夫山泉饮用天然水 550 mL	47	72

续表

序号	货物名称	入库量/箱	出库量/箱
17	娃哈哈饮用纯净水 596 mL	190	187
18	农夫山泉饮用天然水 1.5 L	46	41
19	娃哈哈饮用纯净水 1.25 L	176	177
20	娃哈哈饮用纯净水 350 mL	1 398	1 571
21	农夫山泉饮用天然水 380 mL	48	51
22	娃哈哈纯真年代纯净水 596 mL	759	964

表 3-3-2　出入库月报表(截至 2023 年 9 月 30 日 17：30)

序号	货物名称	入库量/箱	出库量/箱
1	红牛维生素营养液 500 mL	70	65
2	康师傅冰红茶 490 mL	17	25
3	康师傅绿茶 500 mL	49	66
4	惠尔康燕窝冬瓜茶 250 mL	113	122
5	绿力冬瓜茶 245 mL	36	47
6	康师傅冰绿茶 490 mL	76	81
7	娃哈哈冰红茶 500 mL	27	38
8	绿力冬瓜茶 500 mL	229	207
9	惠尔康蜂蜜菊花茶 560 mL	45	55
10	惠尔康菊花茶饮料 250 mL	122	126
11	王老吉凉茶利乐包 250 mL	64	69
12	王老吉凉茶 310 mL	991	908
13	呦呦奶味茶 500 mL	117	145
14	娃哈哈蓝莓冰红茶 500 mL	1 113	1 054
15	农夫山泉饮用天然水 4 L	242	240
16	农夫山泉饮用天然水 550 mL	113	95
17	娃哈哈饮用纯净水 596 mL	155	201
18	农夫山泉饮用天然水 1.5 L	46	45
19	娃哈哈饮用纯净水 1.25 L	186	180
20	娃哈哈饮用纯净水 350 mL	1 782	1 625
21	农夫山泉饮用天然水 380 mL	53	52
22	娃哈哈纯真年代纯净水 596 mL	825	970

表 3-3-3　出入库月报表(截至 2023 年 10 月 31 日 17：30)

序号	货物名称	入库量/箱	出库量/箱
1	红牛维生素营养液 500 mL	45	60
2	康师傅冰红茶 490 mL	24	21
3	康师傅绿茶 500 mL	87	43
4	惠尔康燕窝冬瓜茶 250 mL	105	102
5	绿力冬瓜茶 245 mL	39	38
6	康师傅冰绿茶 490 mL	69	101
7	娃哈哈冰红茶 500 mL	20	47
8	绿力冬瓜茶 500 mL	98	234
9	惠尔康蜂蜜菊花茶 560 mL	54	37
10	惠尔康菊花茶饮料 250 mL	151	164
11	王老吉凉茶利乐包 250 mL	118	119
12	王老吉凉茶 310 mL	794	911
13	呦呦奶味茶 500 mL	120	118
14	娃哈哈蓝莓冰红茶 500 mL	881	795
15	农夫山泉饮用天然水 4 L	337	263
16	娃哈哈饮用纯净水 596 mL	226	270
17	农夫山泉饮用天然水 1.5 L	36	29
18	娃哈哈饮用纯净水 1.25 L	227	126
19	娃哈哈饮用纯净水 350 mL	1 514	1 310
20	农夫山泉饮用天然水 380 mL	87	121
21	娃哈哈纯真年代纯净水 596 mL	995	657

分类标准如下：

出库量累计百分比/%：0%<A 类出库量≤70%，70%<B 类出库量≤90%，90%<C 类出库量≤100%。

知识准备

如果对所有的物品都采用相同的存货管理方法，显然管理的难度和强度就会很大，而且也不符合经济的原则。因而应采用有区别的、轻重缓急明确的管理方法。ABC 分类法就是一种依据一定的原则对众多事物进行分类的方法。

（一）ABC 分类法

ABC 分类法又称为帕累托分析法或巴雷托分析法、柏拉图分析、主次因分析法、ABC 分析法、分类管理法、重点管理法、ABC 管理法、ABC 管理、巴雷特分析法，平常人们也称为“80/20”规则。

它是根据事物在技术或经济方面的主要特征，进行分类排队，分清重点和一般，从而有区别地确定管理方式的一种分析方法。由于它把被分析的对象分成 A、B、C 三类，所以又称为 ABC 分析法。

该分析方法的核心思想是在决定一个事物的众多因素中分清主次，识别出少数的但对事物起决定作用的关键因素和多数的但对事物影响较小的次要因素。

我们将库存物品按品种和占用资金的多少分为特别重要的库存（A 类）、一般重要的库存（B 类）、不重要的库存（C 类）三个等级，然后针对不同等级分别进行管理和控制。找到关键的少数和次要的多数。ABC 分类法将库存货品按照品种和占用资金的多少，分三级进行管理，如表 3-3-4 所示。

表 3-3-4　库存 ABC 分类管理法

类别	物资品种占全部物料品种的比重	资金占库存资金比重
A	0%～5%	70%～80%
B	15%～20%	20%～25%
C	70%～80%	0%～5%

（二）物动量 ABC 分类法

物动量 ABC 分类法是 ABC 分类法的延伸和拓展。

根据 ABC 分类法的基本原理，物动量 ABC 分类法规定：一般情况下，根据出库作业报告进行统计分析，按照出库数量进行降序排列，累计计算货品出库量占总出库量的百分比。

一般情况下按照如下标准进行 ABC 分类：

出库累计百分比在 0%～70%的为 A 类货物，70%～90%的为 B 类货物，90%～100%的为 C 类货物。

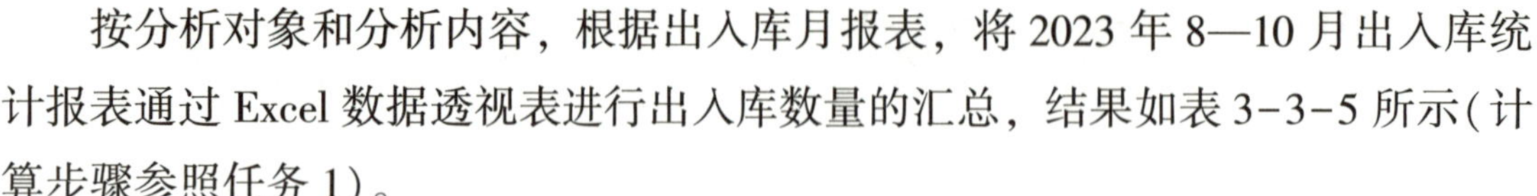

任务实施

准备：

步骤一：搜集、处理数据。

物动量 ABC 分类法的计算

按分析对象和分析内容，根据出入库月报表，将 2023 年 8—10 月出入库统计报表通过 Excel 数据透视表进行出入库数量的汇总，结果如表 3-3-5 所示（计算步骤参照任务 1）。

表 3-3-5 2023 年 8—10 月入库数量的汇总表

货物名称	求和项：入库量/箱	求和项：出库量/箱
娃哈哈饮用纯净水 350 mL	4 694	4 506
娃哈哈蓝莓冰红茶 500 mL	3 010	2 661
娃哈哈纯真年代纯净水 596 mL	2 579	2 591
王老吉凉茶 310 mL	2 555	2 570
农夫山泉饮用天然水 4 L	800	765
娃哈哈饮用纯净水 596 mL	571	658
绿力冬瓜茶 500 mL	528	611
娃哈哈饮用纯净水 1.25 L	589	483
惠尔康菊花茶饮料 250 mL	405	409
呦呦奶味茶 500 mL	380	368
惠尔康燕窝冬瓜茶 250 mL	331	347
康师傅冰绿茶 490 mL	242	263
王老吉凉茶利乐包 250 mL	253	255
农夫山泉饮用天然水 380 mL	188	224
红牛维生素营养液 500 mL	193	188
康师傅绿茶 500 mL	201	171
农夫山泉饮用天然水 550 mL	160	167
惠尔康蜂蜜菊花茶 560 mL	136	139
绿力冬瓜茶 245 mL	120	129
娃哈哈冰红茶 500 mL	80	117
农夫山泉饮用天然水 1.5 L	128	115
康师傅冰红茶 490 mL	65	70
总计	18 208	17 807

步骤二：对收集的数据进行加工，并按要求计算出库量、出库量占比、出库量累计占比这几项特征值。

(1)把货物出库量从大到小进行排列，用公式“出库量占比=货物出库量/总出库量”计算每种货物的出库量占比，结果保留两位小数，如表 3-3-6 所示。

表 3-3-6　出库量占比

序号	货物名称	出库量	出库量占比/%	出库量累计占比
1	娃哈哈饮用纯净水 350 mL	4 506	25. 30	
2	娃哈哈蓝莓冰红茶 500 mL	2 661	14. 94	
3	娃哈哈纯真年代纯净水 596 mL	2 591	14. 55	
4	王老吉凉茶 310 mL	2 570	14. 43	
5	农夫山泉饮用天然水 4 L	765	4. 30	
6	娃哈哈饮用纯净水 596 mL	658	3. 70	
7	绿力冬瓜茶 500 mL	611	3. 43	
8	娃哈哈饮用纯净水 1. 25 L	483	2. 71	
9	惠尔康菊花茶饮料 250 mL	409	2. 30	
10	呦呦奶味茶 500 mL	368	2. 07	
11	惠尔康燕窝冬瓜茶 250 mL	347	1. 95	
12	康师傅冰绿茶 490 mL	263	1. 48	
13	王老吉凉茶利乐包 250 mL	255	1. 43	
14	农夫山泉饮用天然水 380 mL	224	1. 26	
15	红牛维生素营养液 500 mL	188	1. 06	
16	康师傅绿茶 500 mL	171	0. 96	
17	农夫山泉饮用天然水 550 mL	167	0. 94	
18	惠尔康蜂蜜菊花茶 560 mL	139	0. 78	
19	绿力冬瓜茶 245 mL	129	0. 72	
20	娃哈哈冰红茶 500 mL	117	0. 66	
21	农夫山泉饮用天然水 1. 5 L	115	0. 65	
22	康师傅冰红茶 490 mL	70	0. 39	
	总计	17 807		

(2)计算出库量累计占比，填写表3-3-7。

出库量累计占比是指货物出库量占比的累计求和。例如，表格中前三种货物(娃哈哈饮用纯净水350 mL、娃哈哈蓝莓冰红茶500 mL、娃哈哈纯真年代纯净水596 mL)的累计占比=娃哈哈饮用纯净水350 mL出库量占比+娃哈哈蓝莓冰红茶500 mL出库量占比+娃哈哈纯真年代纯净水596 mL出库量占比=25.30%+14.94%+14.55%=54.80%，也就是说前三种货物的出库量占了总出库量的54.80%。

表3-3-7　出库量累计占比

序号	货物名称	出库量	出库量占比/%	出库量累计占比/%
1	娃哈哈饮用纯净水350 mL	4 506	25.30	25.30
2	娃哈哈蓝莓冰红茶500 mL	2 661	14.94	40.25
3	娃哈哈纯真年代纯净水596 mL	2 591	14.55	54.80
4	王老吉凉茶310 mL	2 570	14.43	69.23
5	农夫山泉饮用天然水4 L	765	4.30	73.53
6	娃哈哈饮用纯净水596 mL	658	3.70	77.22
7	绿力冬瓜茶500 mL	611	3.43	80.65
8	娃哈哈饮用纯净水1.25 L	483	2.71	83.37
9	惠尔康菊花茶饮料250 mL	409	2.30	85.66
10	呦呦奶味茶500 mL	368	2.07	87.73
11	惠尔康燕窝冬瓜茶250 mL	347	1.95	89.68
12	康师傅冰绿茶490 mL	263	1.48	91.16
13	王老吉凉茶利乐包250 mL	255	1.43	92.59
14	农夫山泉饮用天然水380 mL	224	1.26	93.85
15	红牛维生素营养液500 mL	188	1.06	94.90
16	康师傅绿茶500 mL	171	0.96	95.86
17	农夫山泉饮用天然水550 mL	167	0.94	96.80
18	惠尔康蜂蜜菊花茶560 mL	139	0.78	97.58
19	绿力冬瓜茶245 mL	129	0.72	98.30
20	娃哈哈冰红茶500 mL	117	0.66	98.96
21	农夫山泉饮用天然水1.5 L	115	0.65	99.61
22	康师傅冰红茶490 mL	70	0.39	100.00
	总计	17 807		

步骤三：根据 ABC 分类法确定分类

根据已计算出的库量累计百分比，按照 ABC 分类法的基本原理，对库存品进行分类，填写表 3-3-8。

表 3-3-8　ABC 分类结果

序号	货物名称	分类结果
1	娃哈哈饮用纯净水 350 mL	A
2	娃哈哈蓝莓冰红茶 500 mL	
3	娃哈哈纯真年代纯净水 596 mL	
4	王老吉凉茶 310 mL	
5	农夫山泉饮用天然水 4 L	B
6	娃哈哈饮用纯净水 596 mL	
7	绿力冬瓜茶 500 mL	
8	娃哈哈饮用纯净水 1. 25 L	
9	惠尔康菊花茶饮料 250 mL	
10	呦呦奶味茶 500 mL	
11	惠尔康燕窝冬瓜茶 250 mL	
12	康师傅冰绿茶 490 mL	C
13	王老吉凉茶利乐包 250 mL	
14	农夫山泉饮用天然水 380 mL	
15	红牛维生素营养液 500 mL	
16	康师傅绿茶 500 mL	
17	农夫山泉饮用天然水 550 mL	
18	惠尔康蜂蜜菊花茶 560 mL	
19	绿力冬瓜茶 245 mL	
20	娃哈哈冰红茶 500 mL	
21	农夫山泉饮用天然水 1. 5 L	
22	康师傅冰红茶 490 mL	

任务评价

请完成物动量 ABC 分类法的计算任务评价表(见表 3-3-9)。

表 3-3-9　物动量 ABC 分类法的计算任务评价表

内容	评价任务	要素说明	分值	自评	他评	师评	合计
知识与技能	搜集、处理数据	任务 1	10				
	对收集的数据进行加工，并按要求计算出库量、出库量占比、出库量累计占比这几项特征值	物动量 ABC 分类法	80				
	根据 ABC 分类法确定分类	ABC 分类法基本概念	10				
过程与方法	积极参与，态度端正，互助合作		100				
情感、态度、价值观	培养一丝不苟、持之以恒的学习精神 树立劳动精神、工匠精神		100				
合计			300				

实训任务描述

独立完成本任务，详细填写物动量 ABC 分类法计算实训报告(见表 3-3-10)。

实训报告

表 3-3-10　物动量 ABC 分类法计算实训报告

姓名		学号	
专业		班级	
实训日期		指导教师	
实训项目			
实训步骤： 步骤一：			

续表

步骤二：   步骤三：
实训收获及反思：

任务 4　移库作业

任务描述

A 物流有限公司是一家专业化从事运输、仓储、配送、进出口代理等业务的综合性第三方物流公司，为客户提供全方位的优质服务。吴刘是一名中职物流服务与管理专业的学生，在 A 物流有限公司实习。前期他处理完成了一系列的数据统计计算工作，现在他要完成的任务是：

根据任务 3 物动量 ABC 分类结果表 3-4-1，2023 年 10 月 31 日托盘货架 A 区库存信息表 3-4-2 和货物储位图 3-4-1，进行优化调整，合理地规划设计拣货区货物存储位置，达到能够有效提高拣货效率的目的。

根据 ABC 分类结果及出入库后的库存情况，按照移库规则，吴刘需要依照仓库主管的安排完成托盘货架 A 区所有库存货物的移库作业，并编制单号为 CKD00001 的移库单，按源货位

从小到大的顺序填制移库单(见表 3-4-3)。

本次移库任务适用规则按优先程度规定如下：

(1)A 类放置于第一层，B 类放置于第二层，C 类放置于第三层，若某层货位不足，可放置在上层货位，优先存放在靠近通道的货位。

(2)同一层中，“出入库统计表”中出库量较大的货物优先存放在靠近通道的位置。

(3)同一种货物，堆码货物数量较多的托盘优先放在货位号较小的位置。

表 3-4-1　物动量 ABC 分类结果

序号	货物名称	出库量	出库量占比/%	出库量累计占比/%	分类结果
1	娃哈哈饮用纯净水 350 mL	4 506	25.30	25.30	A
2	娃哈哈蓝莓冰红茶 500 mL	2 661	14.94	40.25	
3	娃哈哈纯真年代纯净水 596 mL	2 591	14.55	54.80	
4	王老吉凉茶 310 mL	2 570	14.43	69.23	
5	农夫山泉饮用天然水 4 L	765	4.30	73.53	B
6	娃哈哈饮用纯净水 596 mL	658	3.70	77.22	
7	绿力冬瓜茶 500 mL	611	3.43	80.65	
8	娃哈哈饮用纯净水 1.25 L	483	2.71	83.37	
9	惠尔康菊花茶饮料 250 mL	409	2.30	85.66	
10	呦呦奶味茶 500 mL	368	2.07	87.73	
11	惠尔康燕窝冬瓜茶 250 mL	347	1.95	89.68	
12	康师傅冰绿茶 490 mL	263	1.48	91.16	C
13	王老吉凉茶利乐包 250 mL	255	1.43	92.59	
14	农夫山泉饮用天然水 380 mL	224	1.26	93.85	
15	红牛维生素营养液 500 mL	188	1.06	94.90	
16	康师傅绿茶 500 mL	171	0.96	95.86	
17	农夫山泉饮用天然水 550 mL	167	0.94	96.80	
18	惠尔康蜂蜜菊花茶 560 mL	139	0.78	97.58	
19	绿力冬瓜茶 245 mL	129	0.72	98.30	
20	娃哈哈冰红茶 500 mL	117	0.66	98.96	
21	农夫山泉饮用天然水 1.5 L	115	0.65	99.61	
22	康师傅冰红茶 490 mL	70	0.39	100.00	

表 3-4-2　2023 年 10 月 31 日托盘货架 A 区库存信息

序号	货物名称	规格	库存结余	储位
1	娃哈哈饮用纯净水 350 mL	箱	8	A0101
2	娃哈哈蓝莓冰红茶 500 mL	箱	22	A0102
3	王老吉凉茶 310 mL	箱	15	A0103
4	娃哈哈纯真年代纯净水 596 mL	箱	34	A0104
5	娃哈哈饮用纯净水 596 mL	箱	12	A0106
6	惠尔康燕窝冬瓜茶 250 mL	箱	14	A0201
7	康师傅冰绿茶 490 mL	箱	16	A0202
8	王老吉凉茶利乐包 250 mL	箱	20	A0203
9	农夫山泉饮用天然水 380 mL	箱	17	A0204
10	康师傅绿茶 500 mL	箱	13	A0205
11	绿力冬瓜茶 245 mL	箱	13	A0206
12	农夫山泉饮用天然水 1.5 L	箱	8	A0301

作业通道	农夫山泉饮用天然水 1.5 L					
	A0301	A0302	A0303	A0304	A0305	A0306
	惠尔康燕窝冬瓜茶 250 mL	康师傅冰绿茶 490 mL	王老吉凉茶利乐包 250 mL	农夫山泉饮用天然水 380 mL	康师傅绿茶 500 mL	绿力冬瓜茶 245 mL
	A0201	A0202	A0203	A0204	A0205	A0206
	娃哈哈饮用纯净水 350 mL	娃哈哈蓝莓冰红茶 500 mL	王老吉凉茶 310 mL	娃哈哈纯真年代纯净水 596 mL	娃哈哈饮用纯净水 596 mL	
	A0101	A0102	A0103	A0104	A0105	A0106

图 3-4-1　货物储位图

表 3-4-3　移库单

单号：			移库日期：			
货物名称	条形码	源库位	数量	单位	目的库位	备注
总计						
制单人：					仓库主管：	

知识准备

1. 移库作业

物品移库是库内作业的一种，是根据仓库内货物质量变化、库存因素、货物放置错误、储位变更等因素进行调整库存储位的一种手段。

2. 移库的目的

物品移库的主要目的是优化储位和提高仓储效率。

(1)优化储位。

根据商品的周转率，进行 ABC 分类，对商品进行储位的移动，以优化库存结构。

(2)提高仓储效率。

为了提高库内仓储效率，对不满一个托盘的商品进行拼盘作业，以提高储位的仓储效率。

3. 移库的类型

(1)同一仓库内移库。

适用于仓储移库员在同一实物仓库内进行货物储位、库存形态间移动的处理过程，以下是针对这种移库操作的说明：

①库存商品在仓库库位间的任何移动均需进行移库作业。

②移库需求单位填写移库单交由仓储主管核准后，方可执行移库操作。

③仓储移库员根据仓储主管核准的移库单进行实物及系统的移库操作。

同一仓库内的移库流程如图 3-4-2 所示。

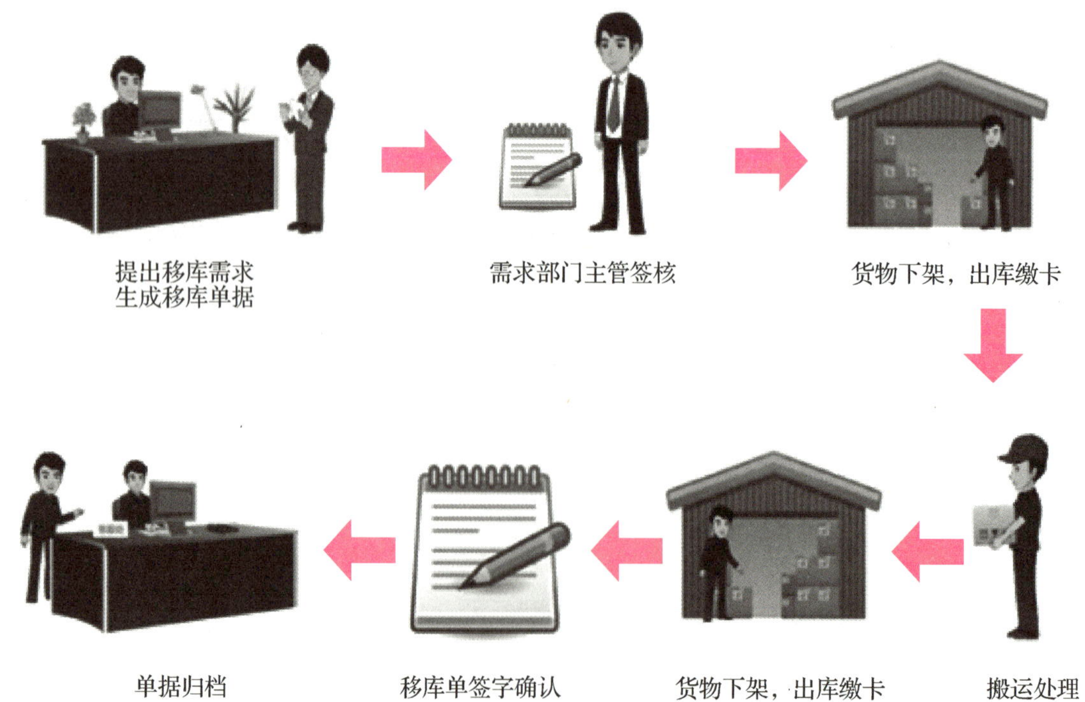

图 3-4-2　同一仓库内的移库流程

(2)不同仓库间移库。

隶属于同一公司的不同仓库间移库操作主要分为两个步骤，即移出库和移入库。

不同仓库间的移库流程如图 3-4-3 所示。

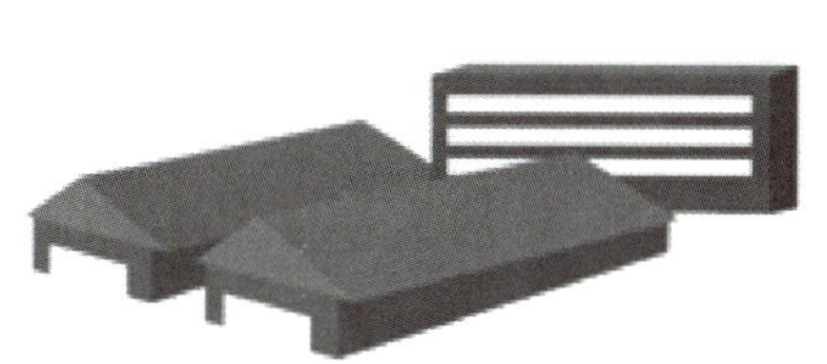

图 3-4-3　不同仓库间的移库流程

4. 货物移库的原则

(1)周转率原则。

(2)产品相关性原则。

(3)产品同一性原则。

(4)产品互补性原则。

(5)产品相容性原则。

(6)产品尺寸原则。

(7)重量特性原则。

(8)产品特性原则。

任务实施

准备：

在移库作业之前，要做好移库准备，包括设备准备(叉车、堆高车等)、移库人员组织。

移库作业

步骤一：移库作业单处理。

根据给定的移库规则进行移库调度，填写移库单(见表 3-4-4)。根据给定的移库规则，以 A 类货物娃哈哈饮用纯净水 350 mL、娃哈哈蓝莓冰红茶 500 mL、娃哈哈纯真年代纯净水 596 mL、王老吉凉茶 310 mL 为例，四种货物出库量从大到小顺序为娃哈哈饮用纯净水 350 mL>娃哈哈蓝莓冰红茶 500 mL>娃哈哈纯真年代纯净水 596 mL>王老吉凉茶 310 mL。根据移库规则，按照“出入库统计表”中的“出库量较大的货物优先存放在靠近通道的位置”“A 类放置于第一层、B 类放置于第二层、C 类放置于第三层，若某层货位不足，可放置在上层货位，优先存放在靠近通道货位”，这 4 个货物中的王老吉凉茶和娃哈哈纯真年代纯净水应互换位置，移库后情况如图 3-4-4 所示。

表 3-4-4 移库单

单号：CKD00001		移库日期：2023 年 10 月 31 日			
货物名称	源库位	数量	单位	目的库位	备注
王老吉凉茶 310 mL	A0103	15	箱	A0104	
娃哈哈纯真年代纯净水 596 mL	A0104	34	箱	A0103	
总计		35			
制单人：				仓库主管：	

作业通道						
	A0301	A0302	A0303	A0304	A0305	A0306
	A0201	A0202	A0203	A0204	A0205	A0206
	娃哈哈饮用纯净水 350 mL	娃哈哈蓝莓冰红茶 500 mL	娃哈哈纯真年代纯净水 596 mL	王老吉凉茶 310 mL		
	A0101	A0102	A0103	A0104	A0105	A0106

图 3-4-4 移库单示例

因为仓库内货物品种较多，为了方便计算，我们在 Excel 中通常会采用 VLOOKUP 等工具进行移库作业的信息处理，以 A 类货物为例：

（1）将 ABC 类货物按照出库量大小进行货位排序，如表 3-4-5 所示。

表 3-4-5　货物货位排序

序号	货物名称	出库量	出库量占比/%	出库量累计占比/%	分类结果	货位排序
1	娃哈哈饮用纯净水 350 mL	4 506	25. 30	25. 30	A	A01
2	娃哈哈蓝莓冰红茶 500 mL	2 661	14. 94	40. 25		A02
3	娃哈哈纯真年代纯净水 596 mL	2 591	14. 55	54. 80		A03
4	王老吉凉茶 310 mL	2 570	14. 43	69. 23		A04
5	农夫山泉饮用天然水 4 L	765	4. 30	73. 53	B	B01
6	娃哈哈饮用纯净水 596 mL	658	3. 70	77. 22		B02
7	绿力冬瓜茶 500 mL	611	3. 43	80. 65		B03
8	娃哈哈饮用纯净水 1. 25 L	483	2. 71	83. 37		B04
9	惠尔康菊花茶饮料 250 mL	409	2. 30	85. 66		B05
10	呦呦奶味茶 500 mL	368	2. 07	87. 73		B06
11	惠尔康燕窝冬瓜茶 250 mL	347	1. 95	89. 68		B07
12	康师傅冰绿茶 490 mL	263	1. 48	91. 16	C	C01
13	王老吉凉茶利乐包 250 mL	255	1. 43	92. 59		C02
14	农夫山泉饮用天然水 380 mL	224	1. 26	93. 85		C03
15	红牛维生素营养液 500 mL	188	1. 06	94. 90		C04
16	康师傅绿茶 500 mL	171	0. 96	95. 86		C05
17	农夫山泉饮用天然水 550 mL	167	0. 94	96. 80		C06
18	惠尔康蜂蜜菊花茶 560 mL	139	0. 78	97. 58		C07
19	绿力冬瓜茶 245 mL	129	0. 72	98. 30		C08
20	娃哈哈冰红茶 500 mL	117	0. 66	98. 96		C09
21	农夫山泉饮用天然水 1. 5 L	115	0. 65	99. 61		C10
22	康师傅冰红茶 490 mL	70	0. 39	100. 00		C11

（2）在子表任务练习表格中，使用 VLOOKUP 在托盘货架 A 区库存信息表中找出 A 类货物的货位排序，因为 A 类货物需要放到第一层，且出库量较大的货物需要放到靠近通道的位置。A 类货物的货位安排如图 3-4-5 所示。

F3 | f_x =IFERROR(VLOOKUP(B3,任务二题目!$I$3:$N$24,6,0),0)

	A	B	C	D	E	F	G
1	托盘货架A区库存信息						
2	序号	货物名称	规格	库存结余	储位	货位排序	调整后
3	1	娃哈哈饮用纯净水350 mL	箱	8	A0101	A01	A0101
4	2	娃哈哈蓝莓冰红茶500 mL	箱	22	A0102	A02	A0102
5	3	王老吉凉茶310 mL	箱	15	A0103	A04	A0104
6	4	娃哈哈纯真年代纯净水596 mL	箱	34	A0104	A03	A0103
7	5	娃哈哈饮用纯净水596 mL	箱	12	A0106	B02	
8	6	惠尔康燕窝冬瓜茶250 mL	箱	14	A0201	B07	
9	7	康师傅冰绿茶490 mL	箱	16	A0202	C01	
10	8	王老吉凉茶利乐包250 mL	箱	20	A0203	C02	
11	9	农夫山泉饮用天然水380 mL	箱	17	A0204	C03	
12	10	康师傅绿茶500 mL	箱	13	A0205	C05	
13	11	绿力冬瓜茶245 mL	箱	13	A0206	C08	
14	12	农夫山泉饮用天然水1.5 L	箱	8	A0301	C10	
15				192			
16							
17							
18							

任务二题目 | 任务练习表格 | 仓库储位示意图答题纸

图 3-4-5　A 类货物的货位安排

(3)完成 A 类货物移库后储位图的填写(见图 3-4-6)。

A0201	A0202	A0203	A0204	A0205	A0206
娃哈哈饮用纯净水 350 mL	娃哈哈蓝莓冰红茶 500 mL	娃哈哈纯真年代纯净水 596 mL	王老吉凉茶 310 mL		
A0101	A0102	A0103	A0104	A0105	A0106

图 3-4-6　A 类货物移库后储位图

（4）根据移库后储位图（见图 3-4-6）填写第一层货物移库单（见表 3-4-6）。

表 3-4-6　第一层货物移库单

移库单					
单号：YKD00001		移库日期：2023 年 10 月 31 日			
货物名称	源库位	数量	单位	目的库位	备注
王老吉凉茶 310 mL	A0103	15	箱	A0104	
娃哈哈纯真年代纯净水 596 mL	A0104	34	箱	A0103	

（5）根据以上方法对 B 类、C 类货物进行数据处理，完成移库后储位图（见图 3-4-7）。

康师傅冰绿茶 490 mL	王老吉凉茶利乐包 250 mL	农夫山泉饮用天然水 380 mL	康师傅绿茶 500 mL	绿力冬瓜茶 245 mL	农夫山泉饮用天然水 1.5 L	
A0301	A0302	A0303	A0304	A0305	A0306	
娃哈哈饮用纯净水 596 mL	惠尔康燕窝冬瓜茶 250 mL					
A0201	A0202	A0203	A0204	A0205	A0206	
娃哈哈饮用纯净水 350 mL	娃哈哈蓝莓冰红茶 500 mL	娃哈哈纯真年代纯净水 596 mL	王老吉凉茶 310 mL			
A0101	A0102	A0103	A0104	A0105	A0106	

图 3-4-7　移库后储位图

（6）根据移库后储位图（见图 3-4-7），完成移库单（见表 3-4-7）的填写。

表 3-4-7　移库单

单号：YKD00001		移库日期：2023 年 10 月 31 日			
货物名称	源库位	数量	单位	目的库位	备注
王老吉凉茶 310 mL	A0103	15	箱	A0104	
娃哈哈纯真年代纯净水 596 mL	A0104	34	箱	A0103	
娃哈哈饮用纯净水 596 mL	A0106	12	箱	A0201	
惠尔康燕窝冬瓜茶 250 mL	A0201	14	箱	A0202	
康师傅冰绿茶 490 mL	A0202	16	箱	A0301	
王老吉凉茶利乐包 250 mL	A0203	20	箱	A0302	
农夫山泉饮用天然水 380 mL	A0204	17	箱	A0303	
康师傅绿茶 500 mL	A0205	13	箱	A0304	

续表

货物名称	源库位	数量	单位	目的库位	备注
绿力冬瓜茶 245 mL	A0206	13	箱	A0305	
农夫山泉饮用天然水 1.5 L	A0301	8	箱	A0306	
总计		192			
制单人：吴刘				仓库主管：李四	

步骤二：移库下架(出库撤卡)。

移库作业人员根据移库单信息明确所有移库对象，确认移库货品的储存位置，确认之后将移库货品的货卡撤除，并使用装卸搬运设备将货品下架。期间要做好移库信息处理。

步骤三：移库入库。

根据移库单信息确认移库货品的目标储位，对货品重新立卡，货卡放置于目标储位，将移库货品上架至目标储位，上架完成后要对移库货品进行核对。

步骤四：移库反馈。

移库反馈包括移库信息反馈和移库单据反馈。移库人员需登录仓储管理系统进行移库信息反馈。除此之外，移库人员要将移库单交至仓库主管处，仓库主管确认移库无误后签字，并将移库单据留档保管。

任务评价

请完成移库作业任务评价表(见表 3-4-8)。

表 3-4-8　移库作业任务评价表

内容	评价任务	要素说明	分值	自评	他评	师评	合计
知识与技能	移库作业单处理	能根据 ABC 分类结果及移库规则，进行库位调整，完成移库作业计划表	40				
	移库下架 (出库撤卡)	移库作业的概念 移库作业的目的 移库作业的类型 移库作业的原则	20				
	移库入库		20				
	移库反馈		20				
过程与方法	积极参与，态度端正，互助合作		100				
情感、态度、价值观	培养一丝不苟、持之以恒的学习精神 树立劳动精神、工匠精神		100				
合计			300				

实训任务描述

独立完成本任务，详细填写移库作业实训报告(见表 3-4-9)。

实训报告

表 3-4-9　移库作业实训报告

姓名		学号	
专业		班级	
实训日期		指导教师	
实训项目			
实训步骤： 步骤一： 步骤二： 步骤三： 步骤四：			
实训收获及反思：			

工匠园地

数字化升级也需匠心熔铸

当今世界，新一轮科技革命和产业变革蓬勃兴起，数字技术快速发展。习近平总书记强调："发展数字经济是把握新一轮科技革命和产业变革新机遇的战略选择。"促进数字技术与实体经济深度融合，做强做优做大数字经济，离不开"择一事终一生"的执着专注、"干一行专一行"的精益求精、"千万锤成一器"的卓越追求。

数字技术对经济发展具有放大、叠加、倍增作用，推动数字技术与实体经济融合发展，能够赋能传统产业转型升级，催生新产业新业态新模式，为经济发展注入新动力。这是实现经济高质量发展的一篇大文章，其中有不少亟待攻克的难题。如何弥合数字技术在不同产业间的应用差异？如何实现工业互联网的数据共享化和集约化？如何保障生产、制造、研发、流通、消费的全链条数据一致性？解决这些问题，需要科技企业发扬工匠精神，在技术创新上执着打磨、久久为功。

从技术发展角度来看，当前，数字经济与实体经济的融合创新已不满足于"向规模要效率"，而是向深层次、突破性的底层技术创新进军；不仅在消费端用力，而且向供应链、生产端延伸。这也就决定了，企业必须着眼长远，秉持工匠精神精耕细作、千锤百炼，在数字技术创新上精益求精、加强积累。比如，京东自2017年年初全面向技术转型以来，在技术上累计投入近750亿元，形成了大规模机器人仓调度算法、超级自动化供应链、智能城市操作系统等数字技术应用成果，为制造、流通、服务等相关产业和企业注入了持续增长的新动能。为了打磨出卓越的技术成果，其中很多项目经历了多年的持续研发和优化，大量技术人员也一直聚焦在相关领域不断耕耘。践行工匠精神，拿出自主研发的耐力和定力、激发原始创新的决心和信心，才能在技术创新上不断取得突破。

从技术应用角度来看，促进数字经济向生产端延伸，一个重要方面就是形成工业互联网。工业互联网用数据连接工业全要素、全产业链，利用互联网新技术对传统产业进行全方位、全链条的改造，从而推动制造业高质量发展。但在现实中，工业品品类繁多、参数复杂，"工业数据"缺乏标准。形成统一的数字化商品标准库，是工业互联网发展需要解决的问题。这就需要充分发扬工匠精神，静下心来解决细分领域的技术难题。比如，有科技企业深耕工业互联网领域，推出"墨卡托"工业品标准商品库，有效解决行业现有体系产品信息和参数不统一、行业属性不全的问题，为工业品供应链上下游企业互联互通奠定了基础。不断做专、做精、做细、做实、做新，才能更好地助力技术攻坚、产业突破。

数字经济大潮奔涌，掌握技术创新主动权，既需要"快"的紧迫，又需要"慢"的匠心。锤炼精雕细琢的沉潜功夫，拥抱长期性的价值创造、变革性的创新突破，才能掌握底层核心技术，确保供应链产业链自主可控、安全高效，进而抢占未来发展制高点。面向未来，以创新为导向、以技术为生命、以质量为追求，将"心心在一艺，其艺必工；心心在一职，其职必举"的匠心匠魂用在技术创新上，必能更好促进实体经济数字化升级。

《人民日报》(2022年01月27日05版)

技能模块 4

缮制物流仓储业务单证

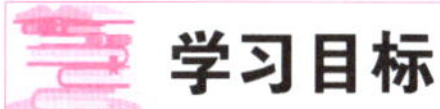

学习目标

知识目标

熟知入库单、拣选单、出库单、盘点单。

技能目标

1. 能根据资料，正确缮制物流仓储业务相关单证。
2. 能根据入库通知单编制组盘入库单。
3. 能根据出库通知单编制出库拣选单(包括整箱出库和零散出库)。
4. 能根据实际情况编制盘点单。

素养目标

树立敬业精神、劳动意识，培养专心致志的精神以及精益求精的工匠精神。

思维导图

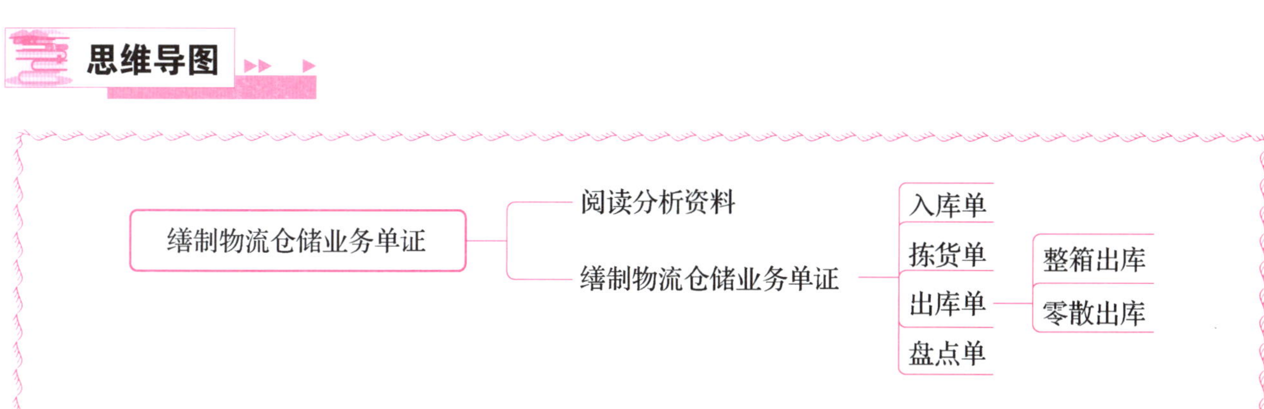

仓储是现代物流的一个重要组成部分，在物流系统中起着至关重要的作用。仓储作业主要由入库作业、保管作业及出库作业三个部分组成。按其作业顺序可细分为接运卸货、货品检验、入库上架、保管保养、拣货、包装和出库送货等作业环节。各个作业环节之间并不是孤立的，它们既相互联系，又相互制约。某一环节的开始要依赖上一环节作业的完成，上一环节作业的完成效果也直接影响到后一环节的作业，而要对这些作业环节进行细致的分析和有效的管理就要依赖仓储单证的使用。仓储单证是仓储管理的工具之一，是伴随着仓储管理活动的进行而产生的。仓储单证的正确制作与流转，不但可以为仓储作业管理提供依据，还可以将单证作为仓库管理的控制节点，提高仓储管理效率，保证仓储管理工作的顺利进行。

1. 任务内容及要求

(1)阅读分析任务所提供的相关资料。

(2)根据资料，正确缮制物流仓储作业相关单证。

(3)缮制内容完整，填写准确、清楚。

(4)正确运用相关的专业术语。

(5)物流仓储作业任务单证包括入库单、拣货单、出库单、盘点单。

(6)根据入库通知单，编制组盘入库计划表。

(7)根据出库通知单编制出库拣选计划表(包括整箱出库和零散出库)。

(8)根据实际情况，编制盘点作业计划表。

2. 任务形式及要求

(1)任务采取上机操作测试方式。

(2)任务提供物流仓储业务单证模板，制单员在所提供模板上缮制物流仓储业务相关单证。

(3)制单员应将答案保存到规定的文件夹里并按规定方式提交。

(4)在制单过程中，制单员可以随时检查或修改已答题目的填制内容。

3. 技术要求

(1)填写要求：所答内容均填写在表格内，禁止填写在表格外。

(2)保存格式：根据任务要求，将文档保存为 PDF 格式。

(3)计算结果：计算结果有小数点的，保留小数点后两位，四舍五入。

4. 任务环境

每位制单员配备一台计算机，任务用计算机之间不能实现文件共享。

(1)硬件设备。

①服务器配置：CPU 主频 3 GHz 以上；硬盘空间 300 GB 以上；内存 4 GB 以上。

②客户端配置：CPU 主频 3 GHz 以上；硬盘空间 200 GB 以上；内存 4 GB 以上。

③网络配置：局域网，100 Mbps 带宽，计算机之间文件不能互传共享。

④据实际情况进行相应配置，以便任务顺利进行。

(2)软件环境。

Windows 10 Professional(中文版)、Microsoft Office 2016(中文版)、五笔输入法、搜狗拼音输入法、智能 ABC 输入法、微软输入法等。

任务 1 缮制入库单

任务描述

创新创业物流有限公司是 SD 省 JN 市一家集仓储、配运于一体的单一性质的第三方物流公司，为客户提供及时准确的优质服务。吴刘是一名中职物流服务与管理专业的学生，在创新创业物流有限公司实习，2023 年 7 月 13 日上午，客户 JN 电器有限公司发来入库通知单(见表 4-1-1)，他接到的任务是：根据入库通知单，缮制入库单并对入库货物进行验收，以仓管员身份对此入库单进行反馈。

表 4-1-1 JN 电器有限公司入库通知单

编号：NM02230047

供应商名称：JN 电器有限公司　　供应商编号：VIP090

收货地点：创新创业物流有限公司 3 号仓库　　发货日期：2023 年 7 月 13 日

计划到货日期：2023 年 7 月 15 日

序号	货物编号	货物名称	包装尺寸：长×宽×高/mm	单位	单价/元	数量	金额/元	生产日期
1	28770	超薄电磁炉 SDMCBO5-210	285×380×270	箱	1 000	60	60 000	20230424
2	28787	电脑型多功能电压力煲 HD2135/03	590×500×400	箱	500	16	8 000	20230424
合计						76	68 000	
制单人：韩阳			审核人：毛杰				第 1 页共 1 页	

知识准备

入库是货物进入仓库、开始仓储之旅的起点，而入库单不但详实地记录了货物入库信息，还为后续单据的缮制和货物实际操作提供了依据和凭证。

一、入库单的基本内容

在实际工作中，入库单由企业自行出具，无统一格式，视各企业的不同要求而有区别，但基本项目类似，分为首文、本文和结文三部分。

1. 首文

首文部分包括入库单号、仓库编号、供应商名称、供应商编号、制单时间、入库通知单号等内容。

2. 本文

本文部分包括货物名称规格、货品编号、包装、单位、计划数量、实际数量和批次等。

3. 结文

结文部分包括制单人和仓管员签章。

二、缮制入库单

入库单格式如表 4-1-2 所示。

表 4-1-2　入库单

入库单号：1

<table>
<tr><td>仓库编号</td><td colspan="7">2</td></tr>
<tr><td>供应商名称</td><td colspan="2">3</td><td colspan="2">供应商编号</td><td>3</td><td>制单时间</td><td colspan="2">4</td></tr>
<tr><td>入库通知单号</td><td colspan="7">5</td></tr>
<tr><td>货品名称</td><td>货品编号</td><td>包装规格</td><td>单位</td><td>计划数量</td><td>实际数量</td><td>批次</td><td>备注</td></tr>
<tr><td>6</td><td>6</td><td>7</td><td>8</td><td>9</td><td>10</td><td>11</td><td></td></tr>
<tr><td></td><td></td><td></td><td></td><td></td><td></td><td></td><td></td></tr>
<tr><td></td><td></td><td></td><td></td><td></td><td></td><td></td><td></td></tr>
<tr><td></td><td></td><td></td><td></td><td></td><td></td><td></td><td></td></tr>
<tr><td></td><td></td><td></td><td></td><td></td><td></td><td></td><td></td></tr>
<tr><td>仓管员</td><td colspan="2">12</td><td>制单人</td><td colspan="2">13</td><td colspan="2">第 1 页
共 1 页</td></tr>
</table>

1. 入库单号

本栏填写入库单的编号，当企业采用印刷制单或计算机制单时，都已预先印上或在程序中编入入库单的编号。

2. 仓库编号

本栏填写入库仓库的编号。

3. 供应商名称及供应商编号

本栏填写供应商的名称及该供应商在仓储系统中的编号。

4. 制单时间

本栏填写制作入库单的时间，当企业采用计算机制单时，都已预先在程序中编入制单时间。

5. 入库通知单号

本栏填写入库通知单的编号。

6. 货品名称及货品编号

这两栏填写入库货物的名称及货品编号。如果货物为第一次入库，需对该货物进行编号。

7. 包装规格

本栏填写入库货物的包装规格。

8. 单位

本栏填写入库货物的包装单位，如箱、捆、包等。

9. 计划数量

本栏填写入库通知单中货物的计划入库数量。

10. 实际数量

本栏填写入库货物的实际数量。

11. 批次

本栏填写入库货物的批次。

12. 仓管员

一般由进行验收入库的仓管员签字或盖章。

13. 制单人

一般由录入单据的信息员签字或盖章。

任务实施

步骤一：在入库单(见表 4-1-3)中划分首文、本文和结文的内容。

表 4-1-3 入库单

入库单号：1 首文

仓库编号	2 首文						
供应商名称	3 首文	供应商编号		3 首文	制单时间	4 首文	
入库通知单号	5 首文						
货品名称	货品编号	包装规格	单位	计划数量	实际数量	批次	备注
6 本文	6 本文	7 本文	8 本文	9 本文	10 本文	11 本文	
仓管员	12 结文		制单人	13 结文		第 1 页 共 1 页	

步骤二：缮制入库单。

备注：入库单编号为 RKD89E3。

缮制的入库单如表 4-1-4 所示。

表 4-1-4 入库单

入库单号：RKD89E3

仓库编号	3 号仓库						
供应商名称	JN 电器有限公司	供应商编号		VIP090	制单时间	2023-07-15	
入库通知单号	NM02230047						
货品名称	货品编号	包装尺寸： 长×宽×高/mm	单位	计划数量	实际数量	批次	备注
超薄电磁炉 SDMCB05-210	28770	285×380×270	箱	60			
电脑型多功能电压力煲 HD2135/03	28787	590×500×400	箱	16			
仓管员			制单人		吴刘	第 1 页 共 1 页	

步骤三：入库单反馈。

经吴刘反馈的入库单，如表 4-1-5 所示。

表 4-1-5　入库单 1

入库单号：RKD89E3

仓库编号	3 号仓库						
供应商名称	JN 电器有限公司	供应商编号	VIPO90	制单时间	2023-07-15		
入库通知单号	NM02230047						
货品名称	货品编号	包装尺寸：长×宽×高/mm	单位	计划数量	实际数量	批次	备注
超薄电磁炉 SDMCBO5-210	28770	285×380×270	箱	60	60		
电脑型多功能电压力煲 HD2135/03	28787	590×500×400	箱	16	16		
仓管员	吴刘		制单人	吴刘		第 1 页 共 1 页	

任务评价

请完成缮制入库单任务评价表（见表 4-1-6）

表 4-1-6　缮制入库单任务评价表

内容	评价任务	要素说明	分值	自评	他评	师评	合计
知识与技能	准确表述入库单的含义	表述入库单的含义	20				
	准确表述入库单据的缮制内容及要求	介绍一般入库单应包含的内容	10				
		介绍商品验收工作的内容	20				
	根据所给任务情境正确完成入库单的填制	按课后任务缮制入库单	50				
过程与方法	积极参与，态度端正，互助合作		100				
情感、态度、价值观	树立敬业精神、劳动意识 培养专心致志的精神以及精益求精的工匠精神		100				
合计			300				

实训任务描述

2023 年 7 月 15 日下午，客户 JN 电器有限公司发来入库通知单，如表 4-1-7 所示。

表 4-1-7　JN 电器有限公司入库通知单

编号：NMO2230048

供应商名称：JN 电器有限公司　　供应商编号：VIP090

收货地点：创新创业物流有限公司 3 号仓库

发货日期：2023 年 7 月 14 日　　计划到货日期：2023 年 7 月 16 日

序号	货物编号	货物名称	包装尺寸：长×宽×高/mm	单位	单价/元	数量	金额/元	生产日期
1	28770	超薄电磁炉 SDMCB05-210	285×380×270	箱	1 000	40	40 000	20230424
2	28767	榨汁机 HBR346-3	590×500×400	箱	580	17	9 860	20230513
3	28909	榨汁机 HBR9330-3	325×245×235	箱	320	40	12 800	20230523
4	28435	全功能专业型电烤箱 T5-23	460×260×230	箱	600	20	12 000	20230618
合计						117	74 660	
制单人：韩阳			审核人：毛杰				第 1 页共 1 页	

2023 年 7 月 16 日晚上，该批货物到达配送中心。吴刘当天值夜班，根据客户 JN 电器有限公司发来的入库通知单填制单号为 RKD89E9 的入库单，交由验收组验收员邹程进行货物的验收。验收过程中发现，有 1 箱榨汁机 HBR346-3 外包装破损，导致榨汁机表面损坏，与供应商协商后，该箱货物拒收。其他货物与入库通知单一致，作业结果由邹程在入库单上进行反馈，吴刘进行最后的确认。请同学们与吴刘一起完成这项工作，缮制入库单(见表 4-1-8)并在入库单上进行反馈。

实训报告

表 4-1-8　入库单

姓名		学号	
专业		班级	
实训日期		指导教师	
实训项目			
实训步骤： 步骤一： 步骤二： 步骤三：			
实训收获及反思：			

任务2 缮制出库单

任务描述

创新创业物流有限公司是SD省JN市一家集仓储、配运于一体的单一性质的第三方物流公司，为客户提供及时准确的优质服务。吴刘是一名中职物流服务与管理专业的学生，在创新创业物流有限公司实习。2023年7月18日，3号仓库收到客户JN电器有限公司发来的发货通知单(见表4-2-1)，其相关信息如表4-2-2所示，他接到的任务是：

根据此发货通知单以及客户JN电器有限公司家电区部分货品库存情况(见表4-2-2)，缮制出库单并对出库货物进行核对，以仓管员身份对此出库单进行反馈。

表4-2-1　JN电器有限公司发货通知单

编号：FH20230719

收货客户：大华电器　　收货地址：JN市市中区南昌路中段

收货人：王伟　　收货电话：0531-8645××57

发货日期：2023年7月19日　　发货仓库：创新创业物流有限公司3号仓库

仓库地址：JN市槐荫区长城路1900号　　仓库类别：第三方物流库

仓库联系人：李建波　　仓库电话：0531-8459××71

序号	货物编号	货物名称规格	包装尺寸：长×宽×高/mm	单位	计划数量	备注
1	28770	超薄电磁炉 SDMCBO5-210	285×380×270	箱	10	
2	28787	电脑型多功能电压力煲 HD2135/03	590×500×400	箱	15	
	合计				25	
制单人：孙芬			审核人：秦霞			第1页共1页

表4-2-2　JN电器有限公司家电区部分货品库存情况

储位	货品编号	货品名称	单位	质量状态	库存数量	生产日期	入库日期
R1-02-01-01	28770	超薄电磁炉 SDMCBO5-210	箱	正常	30	20200624	20200715

续表

储位	货品编号	货品名称	单位	质量状态	库存数量	生产日期	入库日期
R1-02-02-01	28770	超薄电磁炉 SDMCBO5-210	箱	正常	28	20200624	20200715
R1-01-02-02	28787	电脑型多功能电压力煲 HD2135/03	箱	正常	8	20200620	20200715
R1-02-01-02	28787	电脑型多功能电压力煲 HD2135/03	箱	正常	8	20200620	20200715
R1-02-01-03	28767	榨汁机 HBR346-3	箱	正常	15	20200425	20200502
R1-02-02-03	28767	榨汁机 HBR346-3	箱	正常	4	20200210	20200301
R1-01-02-01	28770	超薄电磁炉 SDMCBO5-210	箱	正常	10	20200425	20200502
R1-01-01-02	28787	电脑型多功能电压力煲 HD2135/03	箱	正常	5	20200210	20200301
R1-02-02-02	28435	全功能专业型电烤箱 T5-23	箱	正常	12	20200210	20200301

知识准备

出库作业是货品在配送中心处理的最后环节。规范的出库作业，能有效地控制货品破损率，提高物流服务水平，增加客户满意度。出库单作为货物出仓的重要凭证，要求每一个仓管员都要学会缮制并使用。

一、出库单的基本内容

出库单由仓储企业自行出具，无统一格式，但基本项目类似，分为首文、本文和结文三部分。

1. 首文

首文部分包括出库单号、货主名称、发货通知单号、收货客户、发货日期、收货地址、收货人、收货人电话等内容。

2. 本文

本文部分包括货品编号、货物名称规格、包装、单位和计划数量、实际数量、收货人签收数量等。

3. 结文

结文部分包括仓管员、制单人和收货人签章。

二、出库单填制详解

出库单格式如表 4-2-3 所示。

表 4-2-3　出库单

出库单号：1

<table>
<tr><td>货主名称</td><td colspan="3">2</td><td colspan="2">发货通知单号</td><td colspan="2">3</td></tr>
<tr><td>收货客户</td><td colspan="3">4</td><td colspan="2">发货日期</td><td colspan="2">5</td></tr>
<tr><td>收货地址</td><td>4</td><td colspan="2">收货人</td><td>4</td><td colspan="2">收货人电话</td><td>4</td></tr>
<tr><td>货品编号</td><td>货物名称
规格</td><td>包装</td><td>单位</td><td>计划数量</td><td>实际数量</td><td>收货人
签收数量</td><td>备注</td></tr>
<tr><td>6</td><td>6</td><td>7</td><td>8</td><td>9</td><td>10</td><td>11</td><td></td></tr>
<tr><td></td><td></td><td></td><td></td><td></td><td></td><td></td><td></td></tr>
<tr><td></td><td></td><td></td><td></td><td></td><td></td><td></td><td></td></tr>
<tr><td>仓管员</td><td>12</td><td colspan="2">制单人</td><td>13</td><td colspan="2">收货人</td><td>14</td></tr>
</table>

1. 出库单号

本栏填写出库单号，当企业采用印刷制单或计算机制单时，都已预先印上或在程序中编入出库单的编号。

2. 货主名称

本栏填写货物的货主名称。

3. 发货通知单号

本栏填写该批货物的发货通知单号。

4. 收货客户、收货地址、收货人及收货人电话

本栏填写收货客户、收货地址、收货人及收货人电话。

5. 发货日期

本栏填写客户要求的发货日期。

6. 货品编号及货物名称规格

本栏填写出库货物的货品编号及名称规格。

7. 包装

本栏填写出库货物的包装。

8. 单位

本栏填写出库货物的包装单位，如箱、捆、包等。

9. 计划数量

本栏填写出库通知单中出库货物的数量。

10. 实际数量

本栏填写出库货物的实际数量。

11. 收货人签收数量

本栏填写收货人签收货物的数量。

12. 仓管员

一般由执行出库的仓管员签字或盖章。

13. 制单人

一般由处理信息的信息员签字或盖章。

14. 收货人

一般由收货人签字或盖章。

任务实施

步骤一：在出库单(见表 4-2-4)中划分首文、本文和结文的内容。

表 4-2-4　出库单

出库单号：1 首文

货主名称	2 首文			发货通知单号		3 首文	
收货客户	4 首文			发货日期		5 首文	
收货地址	4 首文		收货人	4 首文	收货人电话		4 首文
货品编号	货物名称规格	包装	单位	计划数量	实际数量	收货人签收数量	备注
6 本文	6 本文	7 本文	8 本文	9 本文	10 本文	11 本文	
仓管员	12 结文		制单人	13 结文	收货人		14 结文

步骤二：根据库存情况，缮制出库单。

备注：出库单编号为 CKD1245。

缮制的出库单 1 如表 4-2-5 所示。

表 4-2-5　出库单 1

出库单号：CKD1245

货主名称	JN 电器有限公司			发货通知单号		FH20230719	
收货客户	大华电器			发货日期		2023-07-19	
收货地址	JN 市市中区南昌路中段		收货人	王伟		收货人电话	0531-8645××57
货品编号	货物名称	包装	单位	计划数量	实际数量	收货人签收数量	备注
28770	超薄电磁炉 SDMCBO5-210	1 台/箱	箱	10			
28787	电脑型多功能电压力煲 HD2135/03	1 台/箱	箱	15			
仓管员		制单人		吴刘		收货人	

步骤三：核对货物，进行出库确认反馈。

经吴刘反馈的出库单 2 如表 4-2-6 所示。

表 4-2-6　出库单 2

出库单号：CKD1245

货主名称	JN 电器有限公司			发货通知单号		FH20230719	
收货客户	大华电器			发货日期		2023-07-19	
收货地址	JN 市市中区南昌路中段		收货人	王伟		收货人电话	0531-8645××57
货品编号	货物名称	包装	单位	计划数量	实际数量	收货人签收数量	备注
28770	超薄电磁炉 SDMCBO5-210	1 台/箱	箱	10	10		
28787	电脑型多功能电压力煲 HD2135/03	1 台/箱	箱	15	15		
仓管员	吴刘	制单人		吴刘		收货人	

步骤四：与收货人交接货物，进行确认反馈。

经收货人王伟反馈的出库单 3 如表 4-2-7 所示。

表 4-2-7　出库单 3

出库单号：CKD1245

<table>
<tr><td>货主名称</td><td colspan="3">JN 电器有限公司</td><td colspan="2">发货通知单号</td><td colspan="2">FH20230719</td></tr>
<tr><td>收货客户</td><td colspan="3">大华电器</td><td colspan="2">发货日期</td><td colspan="2">2023-07-19</td></tr>
<tr><td>收货地址</td><td colspan="2">JN 市市中区南昌路中段</td><td>收货人</td><td colspan="2">王伟</td><td>收货人电话</td><td>0531-8645××57</td></tr>
<tr><td>货品编号</td><td>货物名称</td><td>包装</td><td>单位</td><td>计划数量</td><td>实际数量</td><td>收货人
签收数量</td><td>备注</td></tr>
<tr><td>28770</td><td>超薄电磁炉
SDMCBO5-210</td><td>1 台/箱</td><td>箱</td><td>10</td><td>10</td><td>10</td><td></td></tr>
<tr><td>28787</td><td>电脑型多功能电压力煲
HD2135/03</td><td>1 台/箱</td><td>箱</td><td>15</td><td>15</td><td>15</td><td></td></tr>
<tr><td></td><td></td><td></td><td></td><td></td><td></td><td></td><td></td></tr>
<tr><td>仓管员</td><td>吴刘</td><td>制单人</td><td colspan="2">吴刘</td><td colspan="2">收货人</td><td>王伟</td></tr>
</table>

任务评价

请完成缮制出库单任务评价表(见表 4-2-8)。

表 4-2-8　缮制出库单任务评价表

<table>
<tr><th>内容</th><th>评价任务</th><th>要素说明</th><th>分值</th><th>自评</th><th>他评</th><th>师评</th><th>合计</th></tr>
<tr><td rowspan="3">知识与技能</td><td>准确表述出库单的含义</td><td>表述出库单的含义</td><td>10</td><td></td><td></td><td></td><td></td></tr>
<tr><td>准确表述出库单的格式、缮制内容及要求</td><td>介绍出库单包含的内容、缮制要求
(按空格计数)</td><td>20</td><td></td><td></td><td></td><td></td></tr>
<tr><td>根据所给任务情境正确完成出库单的填制</td><td>按课后任务缮制出库单</td><td>70</td><td></td><td></td><td></td><td></td></tr>
<tr><td>过程与方法</td><td colspan="2">积极参与，态度端正，互助合作</td><td>100</td><td></td><td></td><td></td><td></td></tr>
<tr><td>情感、态度、价值观</td><td colspan="2">树立敬业精神、劳动意识
培养专心致志的精神以及精益求精的工匠精神</td><td>100</td><td></td><td></td><td></td><td></td></tr>
<tr><td>合计</td><td colspan="2"></td><td>300</td><td></td><td></td><td></td><td></td></tr>
</table>

实训任务描述

2023 年 7 月 18 日，3 号仓库又收到 JN 电器有限公司发来的第二张发货通知单，如表 4-

2-9 所示。吴刘接到的任务是：

根据此发货通知单以及 JN 电器有限公司家电区部分货品库存情况（见表 4-2-2），缮制出库单（单号：CKD1246），并核对出库单、反馈出库单。

表 4-2-9　JN 电器有限公司发货通知单

编号：FH20230720

收货客户：五星电器　　收货地址：JN 市历下区京口路 18 号

收货人：丁霞　　收货电话：0531-8689××20

发货日期：2023 年 7 月 20 日　　发货仓库：创新创业物流有限公司 3 号仓库

仓库地址：JN 市槐荫区长城路 1900 号　　仓库类别：第三方物流库

仓库联系人：李建波　　仓库电话：0531-8459××71

序号	货物编码	货品名称	包装尺寸：长×宽×高/mm	单位	计划数量	备注
1	28770	超薄电磁炉 SDMCB05-210	285×380×270	箱	9	
2	28787	电脑型多功能电压力煲 HD2135/03	590×500×400	箱	10	
3	28435	全功能专业型电烤箱 T5-23	460×260×230	箱	11	
	合计				30	
制单人	孙芬	审核人	秦霞	第 1 页　共 1 页		

实训报告

请完成出库单（见表 4-2-10）的缮制。

表 4-2-10　出库单

姓名		学号	
专业		班级	
实训日期		指导教师	
实训项目			
实训步骤： 步骤一：			

续表

<table>
<tr><td>步骤二：

步骤三：

步骤四：</td></tr>
<tr><td>实训收获及反思：</td></tr>
</table>

任务3 缮制拣货单

任务描述

创新创业物流有限公司是SD省JN市一家集仓储、配运于一体的单一性质的第三方物流公司，为客户提供及时准确的优质服务。吴刘是一名中职物流服务与管理专业的学生，在创新创业物流有限公司实习，2023年7月18日，他接到的任务是：

根据JN电器有限公司的出库单(见表4-2-5)及JN电器有限公司家电区部分货品库存情况(见表4-2-2)，在充分考虑行走路径的前提下缮制拣货单。

知识准备

拣货作业是仓库作业中最繁重、最易出差错的工作。拣货作业的效率和准确率直接影响到仓库的经济效益和客户满意度，而拣货单作为拣货作业的依据，直接影响到拣货人员行走路线的安排和拣货速度的提高。

合理的拣货单设计，能科学有效地安排拣货人员的行走路径，加快拣货速度，提高工作效率。

一、拣货单的基本内容

拣货单由仓储企业自行出具，无统一格式，但基本项目类似，分为首文、本文和结文三部分。

1. 首文

首文部分包括作业单号、货主名称、出库单号、仓库编号、制单日期等内容。

2. 本文

本文部分包括库区、储位、货品编号、货物名称规格、包装、单位和应拣数量实拣数量等。

3. 结文

结文部分包括制单人和拣货人签章。

二、拣货单填制详解

拣货单格式如表4-3-1所示。

表 4-3-1　拣货单

作业单号：1

货主名称			2			出库单号		3	
仓库编号			4			制单日期		5	
货品明细									
序号	库区	储位	货品编号	货物名称规格	包装	单位	应拣数量	实拣数量	备注
	6	6	7	7	8	9	10	11	
制单人			12			拣货人		13	

1. 作业单号

本栏填写拣货单号，当企业采用印刷空白或电脑制单时，都已预先印上或在程序中编入拣货单的编号。

2. 货主名称

本栏填写拣选货物的货主名称。

3. 出库单号

本栏填写出库单编号。

4. 仓库编号

本栏填写拣选货物所在的仓库编号。

5. 制单日期

本栏填写制单日期，当企业采用计算机制单时，都已预先在程序中编入制单日期。

6. 库区及储位

这两栏填写拣选货物所存放的库区和储位。

7. 货品编号及货物名称规格

这两栏填写货品编号及拣选货物的名称规格。

8. 包装

本栏填写拣选货物的包装。

9. 单位

本栏填写拣选货物的包装单位，如箱、捆、包等。

10. 应拣数量

本栏填写应当拣选的货物数量。

11. 实拣数量

本栏填写实际拣选货物的数量。

12. 制单人

一般由处理信息的信息员签字或盖章。

13. 拣货人

一般由负责拣货的拣货员签字或盖章。

任务实施

步骤一：在拣货单(见表 4-3-2)中划分首文、本文和结文的内容。

表 4-3-2 拣货单

作业单号：1 首文

<table>
<tr><td colspan="2">货主名称</td><td colspan="3">2 首文</td><td colspan="3">出库单号</td><td colspan="2">3 首文</td></tr>
<tr><td colspan="2">仓库编号</td><td colspan="3">4 首文</td><td colspan="3">制单日期</td><td colspan="2">5 首文</td></tr>
<tr><td colspan="10">货品明细</td></tr>
<tr><td>序号</td><td>库区</td><td>储位</td><td>货品编号</td><td>货物名称规格</td><td>包装</td><td>单位</td><td>应拣数量</td><td>实拣数量</td><td>备注</td></tr>
<tr><td></td><td>6 本文</td><td>6 本文</td><td>7 本文</td><td>7 本文</td><td>8 本文</td><td>9 本文</td><td>10 本文</td><td>11 本文</td><td></td></tr>
<tr><td></td><td></td><td></td><td></td><td></td><td></td><td></td><td></td><td></td><td></td></tr>
<tr><td></td><td></td><td></td><td></td><td></td><td></td><td></td><td></td><td></td><td></td></tr>
<tr><td colspan="2">制单人</td><td colspan="3">12 结文</td><td colspan="3">拣货人</td><td colspan="2">13 结文</td></tr>
</table>

步骤二：缮制拣货单。

备注：拣货单编号为 JHD1908。

缮制的拣货单 1 如表 4-3-3 所示。

表 4-3-3　拣货单 1

作业单号：JHD1908

货主名称			JN 电器有限公司		出库单号		CKD1245		
仓库编号			3 号仓库		制单日期		2023-07-18		
货品明细									
序号	库区	储位	货品编号	货物名称规格	包装	单位	应拣数量	实拣数量	备注
1	厨卫家电区	R1-01-02-01	28770	超薄电磁炉 SDMCBO5-210	1 台/箱	箱	10		
2	厨卫家电区	R1-01-01-02	28787	电脑型多功能电压力煲 HD2135/03	1 台/箱	箱	5		
3	厨卫家电区	R1-02-01-02	28787	电脑型多功能电压力煲 HD2135/03	1 台/箱	箱	8		
4	厨卫家电区	R1-01-02-02	28787	电脑型多功能电压力煲 HD2135/03	1 台/箱	箱	2		
制单人			吴刘		拣货人				

步骤三：反馈拣货单。

经吴刘反馈的拣货单 2 如表 4-3-4 所示。

表 4-3-4　拣货单 2

作业单号：JHD1908

货主名称			JN 电器有限公司		出库单号		CKD1245		
仓库编号			3 号仓库		制单日期		2023-07-18		
货品明细									
序号	库区	储位	货品编号	货物名称规格	包装	单位	应拣数量	实拣数量	备注
1	厨卫家电区	R1-01-02-01	28770	超薄电磁炉 SDMCBO5-210	1 台/箱	箱	10	10	
2	厨卫家电区	R1-01-01-02	28787	电脑型多功能电压力煲 HD2135/03	1 台/箱	箱	5	5	
3	厨卫家电区	R1-02-01-02	28787	电脑型多功能电压力煲 HD2135/03	1 台/箱	箱	8	8	
4	厨卫家电区	R1-01-02-02	28787	电脑型多功能电压力煲 HD2135/03	1 台/箱	箱	2	2	
制单人			吴刘		拣货人		吴刘		

任务评价

请完成缮制拣货单任务评价表(见表 4-3-5)。

表 4-3-5　缮制拣货单任务评价表

内容	评价任务	要素说明	分值	自评	他评	师评	合计
知识与技能	准确表述拣货单的含义	表述拣货单的含义	10				
	准确表述拣货单的格式、缮制内容及要求	介绍拣货单包含的内容、缮制要求(按空格计数)	20				
	根据所给任务情境正确完成拣货单的填制	按课后任务缮制拣货单	70				
过程与方法	积极参与，态度端正，互助合作		100				
情感、态度、价值观	树立敬业精神、劳动意识 培养专心致志的精神及精益求精的工匠精神		100				
合计			300				

实训任务描述

创新创业物流有限公司是 SD 省 JN 市一家集仓储、配运于一体的单一性质的第三方物流公司，为客户提供及时准确的优质服务。吴刘是一名中职物流服务与管理专业的学生，在创新创业物流有限公司实习，2023 年 7 月 18 日，3 号仓库收到客户 JN 电器有限公司发来了两张发货通知单(大华电器是重要客户、五星电器是普通客户)，其相关信息如表 4-2-1、表 4-2-9 所示。他接到的任务是：

根据此发货通知单及 JN 电器有限公司家电区部分货品库存情况(见表 4-2-2)，缮制(播种式拣货)拣货单并填写(见表 4-3-6)。

表 4-3-6　拣货单

<table>
<tr><td>姓名</td><td></td><td>学号</td><td></td></tr>
<tr><td>专业</td><td></td><td>班级</td><td></td></tr>
<tr><td>实训日期</td><td></td><td>指导教师</td><td></td></tr>
<tr><td>实训项目</td><td colspan="3"></td></tr>
<tr><td colspan="4">实训步骤：
步骤一：

步骤二：

步骤三：

</td></tr>
<tr><td colspan="4">实训收获及反思：

</td></tr>
</table>

任务 4 缮制盘点单

任务描述

创新创业物流有限公司是 SD 省 JN 市一家集仓储、配运于一体的单一性质的第三方物流公司，为客户提供及时准确的优质服务。吴刘是一名中职物流服务与管理专业的学生，在创新创业物流有限公司实习。3 号仓库货物品类相对少但单品价值较高，公司要求他每天下班前要对仓库货物进行盘点，盘点均采用明盘。

主管要求吴刘在 2023 年 7 月 16 日下班前，查询厨卫家电区的库存情况，对厨卫家电区进行盘点，其中部分库存情况如表 4-4-1 所示，并缮制一份厨卫家电区的盘点单。

表 4-4-1 厨卫家电区部分库存情况

库区	储位	货品编号	货品名称规格	包装	单位	质量状态	库存数量	生产日期	入库日期
厨卫家电区	R1-02-01-01	28770	超薄电磁炉 SDMCBO5-210	1 台/箱	箱	正常	30	20230624	20230715
厨卫家电区	R1-02-02-01	28770	超薄电磁炉 SDMCBO5-210	1 台/箱	箱	正常	25	20230624	20230715
厨卫家电区	R1-02-02-02	28787	电脑型多功能电压力煲 HD2135/03	1 台/箱	箱	正常	18	20230620	20230715

知识准备

货品在作业及在库报关过程中，由于收发货频繁、计量误差、记录不实、自然损耗、异常损耗等原因，均有可能发生库存实物数量与信息系统数量不符的情况。为了掌握货物的流动情况(入库、在库、出库的流动状况)，对仓库现有物品的实际数量与保管账上记录的数量相核对，以便准确地掌握库存数量，需要定期或临时对库存商品的实际数量进行盘点。盘点单是盘点工作的依据，因此，准确缮制盘点单非常重要。

一、盘点单的基本内容

盘点单由企业自行出具，无统一格式，但基本项目类似，分为首文、本文和结文三部分。

1. 首文

首文部分包括盘点单号、仓库编号、制单时间等内容。

2. 本文

本文部分包括库区、储位、货品编号、货物名称规格、包装、单位、库存数量、实际数量、盈亏数量、损坏数量等。

3. 结文

结文部分包括制单人和盘点人签章。

二、盘点单填制详解

盘点单格式如表 4-4-2 所示。

表 4-4-2　盘点单

盘点单号：1

仓库编号			2		制单时间			3		
货品信息										
库区	储位	货品编号	货品名称规格	包装	单位	库存数量	实际数量	盈亏数量	损坏数量	备注
4	4	5	6	7	8	9	10	11	12	
制单人			13		盘点人			14		

1. 盘点单号

本栏填写盘点单号，当企业采用印刷制单或计算机制单时，都已预先印上或在程序中编入盘点单的编号。

2. 仓库编号

本栏填写盘点货物所在的仓库编号。

3. 制单时间

本栏填写缮制盘点单的时间，当企业采用计算机制单时，都已预先在程序中编入制单时间。

4. 库区及储位

这两栏填写盘点货物所在的库区及储位。

5. 货品编号

本栏填写盘点货物的货品编号。

6. 货品名称规格

本栏填写盘点货物的货品名称规格

7. 包装

本栏填写盘点货物的包装。

8. 单位

本栏填写盘点货物的包装单位。

9. 库存数量

本栏填写信息系统中的库存数量。

10. 实际数量

本栏填写实际盘点数量(包含损坏数量)。

11. 盈亏数量

本栏填写盈亏数量。

12. 损坏数量

本栏填写损坏数量。

13. 制单人

一般由进行处理信息的信息员签字或盖章。

14. 盘点人

一般由进行盘点的仓管员签字或盖章。

任务实施

步骤一：在盘点单(见表 4-4-3)中划分首文、本文和结文的内容。

表 4-4-3　盘点单

盘点单号：1 首文

仓库编号		2 首文			制单时间			3 首文		
货品信息										
库区	储位	货品编号	货品名称规格	包装	单位	库存数量	实际数量	盈亏数量	损坏数量	备注
4 本文	4 本文	5 本文	6 本文	7 本文	8 本文	9 本文	10 本文	11 本文	12 本文	
制单人		13 结文			盘点人			14 结文		

步骤二：缮制盘点单。

备注：盘点单编号为 PDD8903。

缮制的盘点单如表 4-4-4 所示。

表 4-4-4　盘点单

盘点单号：PDD8903

仓库编号		3 号仓库		制单时间			2023-7-16			
货品信息										
库区	储位	货品编号	货品名称规格	包装	单位	库存数量	实际数量	盈亏数量	损坏数量	备注
厨卫家电区	R1-02-01-01	28770	超薄电磁炉 SDMCBO5-210	1 台/箱	箱	30				
厨卫家电区	R1-02-02-01	28770	超薄电磁炉 SDMCBO5-210	1 台/箱	箱	25				
厨卫家电区	R1-02-02-02	28787	电脑型多功能电压力煲 HD2135/03	1 台/箱	箱	18				
制单人		吴刘		盘点人						

步骤三：实施盘点后，在盘点单记录反馈。

吴刘反馈的盘点单 1 如表 4-4-5 所示。

表 4-4-5　盘点单 1

盘点单号：PDD8903

仓库编号		3 号仓库		制单时间			2023-7-16			
货品信息										
库区	储位	货品编号	货品名称规格	包装	单位	库存数量	实际数量	盈亏数量	损坏数量	备注
厨卫家电区	R1-02-01-01	28770	超薄电磁炉 SDMCBO5-210	1 台/箱	箱	30	30	0	0	
厨卫家电区	R1-02-02-01	28770	超薄电磁炉 SDMCBO5-210	1 台/箱	箱	25	25	0	0	
厨卫家电区	R1-02-02-02	28787	电脑型多功能电压力煲 HD2135/03	1 台/箱	箱	18	18	0	0	
制单人		吴刘		盘点人			吴刘			

任务评价

请完成缮制盘点单任务评价表(见表 4-4-6)。

表 4-4-6 缮制盘点单任务评价表

内容	评价任务	要素说明	分值	自评	他评	师评	合计
知识与技能	准确表述盘点作业的作用、方法和流程	表述盘点的含义、作用	10				
		列举盘点的方法	10				
		介绍盘点的流程	20				
	正确识记盘点单的主要内容缮制要求	介绍盘点单的主要内容、缮制要求(按空格计数)	20				
	根据所给任务情境正确完成盘点单的填制	按课后任务缮制盘点单	40				
过程与方法	积极参与，态度端正，互助合作		100				
情感、态度、价值观	树立敬业精神、劳动意识 培养专心致志的精神以及精益求精的工匠精神		100				
合计			300				

实训任务描述

完成上次盘点任务后，主管又要求吴刘在 2023 年 7 月 16 日下班前，查询数码区的库存情况，对数码区进行盘点，并缮制一份数码区的盘点单。数码区部分库存情况如表 4-4-7 所示。

表 4-4-7 数码区部分库存情况

库区	储位	货品编号	货品名称	单位	质量状态	库存数量	生产日期	入库日期
数码区	R1-05-01-01	11057	移动硬盘 THDSA-12	箱	正常	40	20230624	20230715
数码区	R1-05-02-01	11078	移动硬盘 THDSA-11	箱	正常	13	20230624	20230715
数码区	R1-06-01-01	11001	有线鼠标 H-09	箱	正常	5	20230620	20230715
数码区	R1-06-02-03	11001	有线鼠标 H-09	箱	正常	20	20230624	20230715

续表

库区	储位	货品编号	货品名称	单位	质量状态	库存数量	生产日期	入库日期
数码区	R1-05-01-03	13567	移动硬盘 30HBK	箱	正常	17	20230624	20230715
数码区	R1-05-02-03	11035	无线鼠标 TEF-90	箱	正常	25	20230620	20230715
数码区	R1-06-02-02	11078	移动硬盘 THDSA-11	箱	正常	15	20230624	20230715
数码区	R1-05-01-02	11080	移动硬盘 DM001	箱	正常	26	20230624	20230715
数码区	R1-06-02-01	11035	无线鼠标 TEF-90	箱	正常	8	20230620	20230715

实训报告

请缮制盘点单(见表 4-4-8)。

表 4-4-8　盘点单

姓名		学号	
专业		班级	
实训日期		指导教师	
实训项目			

实训步骤：

步骤一：

步骤二：

续表

步骤三：
实训收获及反思：

工匠园地

匠心聚　百业兴
——奋斗“十四五”，技能报国路正宽

劳动者素质对一个国家、一个民族发展至关重要。没有一支高素质劳动大军，就没有制造业的繁荣发展。

今天，我国已转向高质量发展阶段，这既对广大劳动者提出了更高的要求，也为每个人提供了难得的人生舞台。

无论职业版图如何变化，匠心始终是从业者应有的价值追求，工匠精神始终是不可或缺的成功因素。

0.000 68 毫米，相当于人头发丝直径的1/125。然而，仅靠一双手、一把锉刀、一方小小的操作台，就能实现如此细微的加工公差。这样的高精度，出自航空工业沈阳飞机工业(集团)有限公司首席技能专家方文墨之手。如此极限的精度，源于每天 8 000 余次“枯燥而又单调的反复练习”，源于他“既然选择了，就一定要做到最好”的一片匠心。

“心心在一艺，其艺必工；心心在一职，其职必举。”有人曾经做过一道“算术题”：假设一个产品的工艺有5道程序，每道程序都以90%作为标准，最终结果是只达到了90%的5次方，约等于59%的标准。看似不错的标准，最后居然连及格线都达不到。这也恰恰说明，只有以“择一事终一生”的执着专注，“干一行专一行”的精益求精，“偏毫厘不敢安”的一丝不苟，“千万锤成一器”的卓越追求，才能在平凡岗位上干出不平凡的业绩。

细微之处见真章，有“质”者事竟成。每个人都可以有一份匠心。“95 后”邹彬为了砌好一面墙，会反复推倒重来多次，“一定要坚持自己的标准，才过得了心里那一关”的坚守，让他从一名农民工成长为“全国技术能手”；电工罗佳全“每次用螺丝刀都会比别人多琢磨一会儿”，坚持比别人多干一点、多想一点，让他从一名初中生成长为集设备安装、电气调试、维护检修等众多技术于一身的国家级技能大师；技术工人陈亮，从一名学徒工干起，以“再仔细一点点，离 1 微米的精度就能更近一点点”的要求淬炼匠艺，练就把模具精度控制在微米之间的绝活……这些技术技能人才、能工巧匠、大国工匠，职业不同、身份各异，但“执着专注、精益求精、一丝不苟、追求卓越的工匠精神”却是共同的品质。也正是有着这样一种精神，他们才能褪去浮躁，定下心来，肯吃苦，多练习，最终练就一身“独门绝技”。

劳动者素质对一个国家、一个民族发展至关重要。没有强大的制造业，就没有国家和民族的强盛；没有一支高素质劳动大军，就没有制造业的繁荣发展。从一桥飞架三地的港珠澳大桥到风驰电掣的京张高铁，从北斗卫星导航系统到空间站天和核心舱，一个个超级工程、一件件国之重器背后，无不是秉持工匠精神的劳动者们的心血和付出。我国要实现从“制造大国”向“制造强国”、从“中国制造”向“中国创造”的转变，就必须培养更多高技能人才和大国工匠，推动建设宏大的知识型、技术型、创新型劳动者大军。

习近平总书记强调：“无论从事什么劳动，都要干一行、爱一行、钻一行。”今天，我国已转向高质量发展阶段，这既对广大劳动者提出了更高的要求，也为每个人提供了难得的人生舞台。随着职业版图不断拓展，人们的职业选择日益多元，社会对职业选择更加包容，快递小哥也能成为“高层次人才”，直播带货主播也有机会成为“特殊人才”，但无论职业版图如何变化，匠心始终是从业者应有的价值追求，工匠精神始终是不可或缺的成功因素。小到服务百姓生活，大到打造大国重器，只要弘扬工匠精神，踏实劳动、勤勉劳动，每个人都能成就属于自己的出彩人生。

迈步新征程，扬帆再出发，我们比任何时候都更加呼唤工匠精神。匠心聚，百业兴。在全社会弘扬工匠精神，激励广大青年走技能成才、技能报国之路，不断健全技能人才培养、使用、评价、激励制度，我们必能培养出更多高素质技术技能人才、能工巧匠、大国工匠，为全面建设社会主义现代化国家、实现中华民族伟大复兴的中国梦提供有力人才和技能支撑。

《人民日报》(2021 年 05 月 14 日 05 版)

技能模块 5

缮制物流运输业务单证

知识目标

熟知公路货物运单、铁路货物运单。

技能目标

1. 能根据资料，正确缮制物流运输业务相关单证。
2. 能根据资料，正确缮制公路货物运单、铁路货物运单。

素养目标

树立敬业精神、劳动意识，培养聚精会神、专心致志的学习习惯以及精益求精的工匠精神。

思维导图

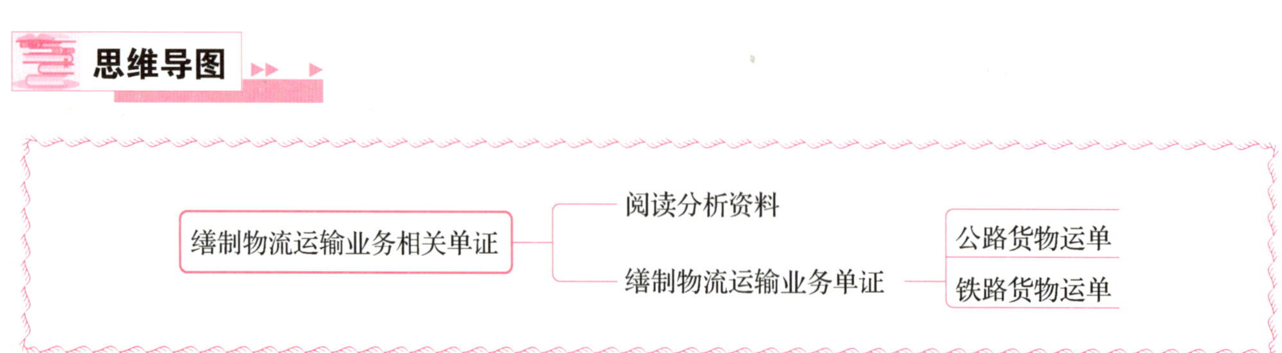

运输是指用设备和工具，将物品从一个地点向另一个地点运送的物流活动。其中包括集货、分配、搬运、中转、装入、卸下、分散等一系列操作和一票运输业务，要经过业务受理、取货、集货、装车发运、在途跟踪、到达卸货、送货签收等环节，将运输货物送至指定地点。

运输是物流的主要功能要素之一，实现了物品空间上的转移。从古代丝绸之路上的驼队，

到蒸汽时代的海上船舶，再到现代社会的集装箱运输等，各种运输方式都在不同的时代实现了物品在较大范围内空间位置的移动，促进了各地商业和文化的发展，创造了物品的空间效应和时间效应。运输单证的制作贯穿整个运输过程，是运输过程中必不可少的管理手段之一。掌握运输单证的填制方法和流转方式，能控制运输业务的每个环节，保证整个运输业务的顺利进行。根据运输方式的不同，运输可分为公路运输、水路运输和铁路运输，不同运输方式有各自不同的运输单据。

1. 任务内容及要求

(1)阅读分析任务所提供的相关资料。

(2)根据资料，正确缮制物流运输业务相关单证。

(3)缮制内容完整，填写准确、清楚。

(4)正确运用相关的专业术语。

(5)物流运输业务任务单证包括公路货物运单、铁路货物运单。

2. 任务形式及要求

(1)任务采取上机操作测试方式。

(2)任务提供运输业务单证模板，制单员在所提供模板上缮制物流运输业务相关单证。

(3)制单员应将答案保存到规定的文件夹里并按规定方式提交。

(4)在答题过程中，制单员可以随时检查或修改已答题目的填制内容。

3. 技术要求

(1)填写要求：所答内容均填写在表格内，禁止填写在表格外。

(2)保存格式：根据任务要求，将文档保存为 PDF 格式。

(3)计算结果：计算结果有小数点的，保留小数点后两位，四舍五入。

4. 任务环境

每位制单员配备一台计算机，任务用计算机之间不能实现文件共享。

(1)硬件设备。

①服务器配置：CPU 主频 3 GHz 以上；硬盘空间 300 GB 以上；内存 4 GB 以上。

②客户端配置：CPU 主频 3 GHz 以上；硬盘空间 200 GB 以上；内存 4 GB 以上。

③网络配置；局域网，100 Mbps 带宽，计算机之间不能互传共享文件。

④据自身实际情况进行相应配置，以便任务顺利进行。

(2)软件环境。

Windows 10 Professional(中文版)、Microsoft Office 2016(中文版)、五笔输入法、搜狗拼音输入法、智能 ABC 输入法、微软输入法等。

任务 1 缮制公路货物运单

任务描述

创新创业物流有限公司是 SD 省 JN 市一家集仓储、配运于一体的单一性质的第三方物流公司，为客户提供及时准确的优质服务。吴刘是一名中职物流服务与管理专业的学生，在创新创业物流有限公司实习。

HZ 嘉顺服饰有限公司与 SH 嘉豪服饰有限公司进行贸易合作，并委托创新创业物流有限公司将一批货物运往 SH 市。交易货物信息如表 5-1-1 所示。HZ 嘉顺服饰有限公司的经理杨丽(联系电话 0531-645×××33，邮编 250051)联系创新创业物流有限公司并提出配运要求，创新创业物流有限公司主管要求吴刘填制运单号为 300002033241 的公路货物运单，货物运至目的地后联系 SH 嘉豪服饰有限公司的经理吴春(联系电话 0×1-325×××38，邮编 201900)。

吴刘需要根据国家标准《物流单证基本要求》(GB/T 33449—2016)中的相关规定，按照公路货物运单的格式、主要内容及缮制要求，结合任务情境正确填制公路货物运单。

表 5-1-1 交易货物信息

货物品名：白色 T 恤	件数：800 件
体积：8 m^3	始发地：HZ 市滨江区滨文路 15 号
总重量：2 400 kg	目的地：SH 市宝山区彭浦新村 12 号
要求采用纸箱包装后进行运输	全行程：177 km
要求上门取货和送货，但不收取相关费用	货物的投保金额为 20 000 元，保险费率为货值的 1%
结算方式：现金	运价：0.003 元/(kg · km)
取货时间：2023-09-10 13：00	装车时间：2023-09-11 07：00
发车时间：2023-09-11 09：00	到达时间：2023-09-11 16：00

知识准备

一、公路货物运单概述

1. 公路货物运单的含义

公路货物运单是货主(托运方)与运输方(承运方)之间关于货物运输所签订的契约，由托运方填写约定事项，再由运输单位审核承诺。经过运输单位审核并由双方签订后的托运单具有法律效力。公路货物运单确定了承运方与托运方在货物运输中的权利、义务和责任，是公路货物运输及运输代理的合同凭证，是运输经营者接受货物并在运输期间负责保管和据以交

付的凭据，也是记录车辆运行和行业统计的原始凭证。

2. 公路货物运单的种类

公路货物运单分为甲、乙、丙三种：甲种运单适用于普通货物、大件货物、危险货物等货物运输和运输代理业务；乙种运单适用于集装箱汽车运输；丙种运单适用于零担货物运输。

二、公路货物运单的内容及缮制要求

某企业公路货物运单样表，如表 5-1-2 所示。

表 5-1-2　公路货物运单

××公司					运单号				
始发城市			邮编		目的地城市		邮编		结算方式 □到付 □月结 □现金 □第三方支付
发件人					收件人				
发件单位					收件单位				
发件人地址					收件人地址				
电话/手机					电话/手机				
派送方式 □门对门 □自提 □等通知送货	货物名称		包装类型		运费/元		保价	□是 □否	货物类型
	件数/件		□纸箱 □木箱 □托盘 □桶装 □编织袋 □其他		声明价值/元		保价费/元		□贵重物品 □文件 □普通货物
	重量/kg				其他费用/元		总计费用/元		
	体积/m^3		长		宽		高		
备注：					发件人签名		送件人	收件人签名	
								身份证号码	
					日期			日期	

公路货运单证的主要内容及缮制要求如下：

(1) 始发城市、目的地城市。

一般情况下填写托运人和收货人单位所在的城市名称，如北京、上海……

(2) 邮编。

邮政编码，是邮件分拣自动化和邮政网络数字化的基础，为加快邮件传递的准确性，须准确填写。我国邮政编码采用四级六位数编码结构。前两位数字代表省、直辖市和自治区。

第三位和第四位代表对应市级邮区和县级邮局，最后两位代表具体投递所或投递部门。

(3)发件人(托运人)、发件单位、发件人地址、电话/手机。

发件人的相关信息，如果是固定电话，填写格式为区号+固定电话号码或直接填写手机号码；地址的填写格式为×省××市××区××街道××号。

(4)收件人、收件单位、收件人地址、电话/手机。

收件人的相关信息，如果是固定电话，填写格式为区号+固定电话号码或直接填写手机号码；地址的填写格式为××省×市×区××街道××号。

(5)货物的包装类型，托运人要求托运的货物的包装方式。

可以分为纸箱、木箱、托盘、桶装、编织袋等方式。

(6)货物名称、件数、重量、体积。

托运人要求托运的货物名称、总件数、总重量、总体积。关于体积，在实际操作中一般在公路货物运单上标明货物的长、宽、高。

(7)派送方式。

到达目的地城市之后承运人和收货人完成货物交接所采用的方式，实际操作中一般分为门对门、自提和等通知送货三种。

(8)货物类型。

托运人要求托运货物的性质，实际操作中一般分为贵重物品、文件和普通货物。

(9)运费。

货物运费=货物运价×计费重量×计费里程+货物运输其他费用。

(10)保价、保价费。

保价是一种加收费用的邮递业务，类似于给所托运的货物投保，一般用于寄送贵重物品、有价证券等，如有遗失，受理部门按保价金额负责赔偿。

(11)结算方式。

托运人与承运人之间根据所托运货物的情况确定的结算方式，实际操作中一般分为到付、月结、现金和第三方付费四种方式。其中，到付是指货物到达目的地后由收货人负责结清整个运输过程中的费用；月结是指托运方或者收货方与承运方达成以月为单位的结算方式；现金是指在结算过程中采用现金支付的方式；第三方付费是指托运方和承运方不用承担运输过程中所产生的费用，而是由托运方和收货方以外的第三方承担。

(12)其他费用。

其他方面的费用。

(13)总计费用。

所有费用的总计。

任务实施

步骤一：分析案例，查找关键信息。

(1)明确案例中的发件人、承运人、收件人等关系方。

(2)明确货物信息，如货物的名称、数量、重量和体积等。

(3)明确费用明细，如费用的种类、计算方法等。

步骤二：填写托运人相关信息。

根据任务要求，货运员填写公路货物运单托运人的相关栏目(见表 5-1-3)，确认客户信息，对托运人、始发城市、托运人签字盖章等信息进行核实，确保无误。

始发城市、邮编、发件人(托运人)、发件单位、发件人地址、联系方式分别为“HZ 市”“250051”“杨丽”“HZ 嘉顺服饰有限公司”“HZ 市滨江区滨文路 15 号”“0531-645×××33”。

步骤三：填写收货人相关信息。

根据任务要求，货运员填写公路货物运单收货人的相关栏目(见表 5-1-3)，确认客户信息，对收货人、目的地城市、收货人签字盖章等信息进行核实，确保无误。

目的地城市、邮编、收件人(收货人)、收件单位、收件人地址、联系方式分别为“SH 市”“201900”“吴春”“SH 嘉豪服饰有限公司”“SH 市宝山区彭浦新村 12 号”“0×1-325×××38”。

步骤四：填写货物详情相关信息。

根据任务要求，货运员填写公路货物运单的货物详情的相关栏目(见表 5-1-3)，确认货物信息，对货物名称、数量、重量、体积、包装类型等信息进行核实，确保无误。

(1)货物名称、件数、重量、体积分别为“白色 T 恤”“800”“2 400”“8”。

(2)包装类型、派送方式、货物类型分别在相应的选项前的方框里打钩。

步骤五：填写费用相关信息。

根据任务要求，货运员填写公路货物运单的费用明细的相关栏目(见表 5-1-3)，确认费用信息，对运费、保险情况等信息进行核实，确保无误。

总计费用：承运人受理一次运输任务所涉及的全部费用，此处填写运费和保价费总和。

其中：

由于这批货物总重为 2 400 kg，小于 3 t，所以采用零担运输。

2 400 kg/8 m^3 = 300 kg/m^3，小于 333 kg/m^3，所以为轻泡货物。

计费重量 = 体积×333 kg/m^3 = 8×333 = 2 664 kg

零担运输运费 = 零担运输每千克公里运价×计费重量×运距

= 0.003×2 664×177

= 1 414.6 元

保价费 = 投保金额×保险费率

= 20 000×1%

= 200 元

步骤六：复核填写，保证正确清晰。

(1)复核完整性，查看是否已经填写公路货物运单中应填栏目。

(2)复核正确性，查看已填栏目内容与案例是否一致，必须保证全部正确。

(3)复核规范性，查看已填栏目内容是否符合填写规范。

(4)复核清晰度，查看已填栏目内容是否清晰可见。

表 5-1-3 公路货物运单缮制

创新创业物流有限公司					运单号	300002033241			
（1）始发城市	HZ 市		（2）邮编	250051	（1）目的地城市	SH 市	（2）邮编	201900	（11）结算方式 √到付 □月结 □现金 □第三方支付
（3）发件人	杨丽				（4）收件人	吴春			
（3）发件单位	HZ 嘉顺服饰有限公司				（4）收件单位	SH 嘉豪服饰有限公司			
（3）发件人地址	HZ 市滨江区滨文路 15 号				（4）收件人地址	SH 市宝山区彭浦新村 12 号			
（3）电话	0531-645××33		手机		（4）电话	0×1-325××38	手机		
（7）派送方式 □门对门 □自提 √等通知送货	（6）货物名称	白色 T 恤	（5）包装类型		（9）运费/元	1 414.6	保价	√是 □否	（8）货物类型
	（6）件数/件	800	√纸箱 □木箱 □托盘 □桶装 □编织袋 □其他		声明价值/元		（10）保价费/元	200	□贵重物品 □文件 √普通货物
	（6）重量/kg	2 400			（12）其他费用/元		（13）总计费用/元	1 614.6	
	（6）体积/m^3	8	长		宽		高		
备注					发件人签名	杨丽	送件人	收件人签名	吴春
								身份证号码	
					日期	2023-09-10 11：00	吴刘	日期	2023-09-11 16：00

任务评价

请完成缮制公路运单任务评价表(见表 5-1-4)。

表 5-1-4　缮制公路运单任务评价表

内容	评价任务	要素说明	分值	自评	他评	师评	合计
知识与技能	会剖析案例	明确各关系方	5				
		正确计算各类费用	10				
	正确阐述运单的填写规范	介绍运单各项的含义、格式	25				
	根据所给任务情境正确完成运单的填制	按课堂任务填制运单(按空格计数，每空 1 分)	20				
		按课后任务填制运单(按空格计数，每空 2 分)	40				
过程与方法	积极参与，态度端正，互助合作		100				
情感、态度、价值观	树立敬业精神、劳动意识 培养聚精会神、专心致志的学习习惯以及精益求精的工匠精神		100				
合计	职业素养		300				

实训任务描述

吴刘又接到 HZ 永康服饰有限公司负责人王红(邮编 250051，联系电话 0531-546×××36)的发运计划(见表 5-1-5)，要求将一批货物运往 SH 福康服饰有限公司，联系刘军(邮编 201900，联系电话 021-512×××34)，并填制运单号为 31000002033242 的公路货物运单。

表 5-1-5　交易货物信息

货物品名：黑色毛衣(轻泡货)	件数：800 件
体积：15 m^3	始发地：HZ 市滨江区滨康路 15 号
总重量：2 200 kg	目的地：SH 市宝山区岭南路 338 号
要求采用纸箱包装后进行运输	全行程：177 km
要求上门取货和送货，且收取 300 元费用	货物的投保金额为 10 000 元，保险费率为货值的 1%
结算方式：现金	运价：0. 003 元/(kg · km)
取货时间：2023-06-10 13：00	装车时间：2023-06-11 07：00
发车时间：2023-06-11 09：00	到达时间：2023-06-11 23：00

实训报告

请填写公路货物运单(见表 5-1-6)。

表 5-1-6 公路货物运单

姓名		学号	
专业		班级	
实训日期		指导教师	
实训项目			
实训步骤: 步骤一: 步骤二: 步骤三:			

续表

步骤四：
步骤五：
步骤六：
实训收获及反思：

任务 2 缮制普通铁路货物运单

任务描述

创新创业物流有限公司是 SD 省 JN 市一家集仓储、配运于一体的单一性质的第三方物流公司，为客户提供及时准确的优质服务。吴刘是一名中职物流服务与管理专业的学生，在创新创业物流有限公司实习。

CZ 天吉礼品公司(地址为 CZ 市眉州路 77 号，电话 0539-813×××11)向 SH 炫奇装饰公司(地址为 SH 市杨浦区长阳路 4170 号，电话 021-658×××000)购买一批防盗门，双方约定由卖方 SH 炫奇装饰公司负责货物的运输事宜。2023 年 11 月 18 日 SH 炫奇装饰公司向创新创业物流有限公司提出了托运需求，并要求上门取货、送货到门。托运信息见表 5-2-1。

2023 年 11 月 18 日，创新创业物流有限公司要求吴刘负责与托运人 SH 炫奇装饰公司唐敏(手机号码 131××××6687，身份证号码 3104021988××××0026，银行卡账号 98520147××××6321)联系相关事宜，并缮制编号为 BDPZC0135792 的“铁路货物运单”；送货上门时联系 CZ 天吉礼品公司周俊(手机号码 156××××6546，身份证号码 3202031985××××0538)。

公司要求吴刘根据国家标准《物流单证基本要求》(GB/T 33449—2016)中的相关规定，按照铁路货物运单的填写规范，结合任务情境正确填制普通货物铁路运单。

表 5-2-1 托运信息

货物品名：防盗门	包装方式：纸箱
每箱体积：3 m^3	件数：10 箱
总重量：5 400 kg	总价值：102 000 元
取货地：SH 市杨浦区长阳路 4170 号	收货地：CZ 市眉州路 77 号
发站：SH 火车站	到站：CZ 火车站
基础运价 1：0. 188 元/10 kg	基础运价 2：0. 001 0 元/(10 kg · km)
铁路运输里程：180 km	取货地距离托运人：10 km
装卸费：200 元/次	保价费：货物价值的 0. 5%
运费结算方式：月结	预计入库时间：2023-11-19 14：00
进货货位：中铁货运仓库 A 区 075623 货位	保险单号：YS123
火车车次：K123	车辆信息：棚车，号码 12912，标重 70 t

续表

篷布号：0626	车辆施封号：312
箱型箱类：通用标准箱	集装箱编号/施封号：XQ135698821/XQ345
预计运输时间：3 天	预计到货日期：2023-11-22
运价号：21	收费票据号：XQGS123
需求号：202311ST1324890001	领货密码：与需求号一样

一、铁路货物运单概述

1. 铁路货物运单的含义

铁路货物运单是托运人与铁路承运人之间为运输货物而签订的货物运输合同。托运人向承运人提出填写铁路货物运单，即表示其签订运输合同的意愿；继而按运单填写的内容向承运人交运货物，承运人按运单记载接收货物、核收运费，并在运单上盖章，运输合同即告成立。托运人、承运人、收货人即开始负有法律责任。

2. 铁路货物运单的流转

普通货物铁路货物运单以目的地收货人为记名抬头，一式两份。

正本随货物同行，到目的地交收货人作为提货通知；副本交托运人作为收到托运货物收据。在货物尚未到达目的地之前，托运人可凭运单副本指示承运人停运，或将货物运给另一个收货人。

3. 铁路货物运单的格式

传统铁路货运共有 30 种纸质票据，存在票据电子化程度不高、同一信息多次采集、信息规范性及统一性不高等问题，影响了铁路货物运输的效率和品质。

从 2017 年 12 月 1 日开始，全国铁路推行“铁路货运票据电子化”，货运数据全程共享，实现了客户需求和内部生产信息电子化流转、无缝衔接，极大地降低了成本，提升了运输效率，改善了客户体验。自此铁路货物运单有了新格式，新格式的变化主要包括货票两单合一，形成电子运单，一次打印即可，减少了客户纸质票据填制、打印和传递的麻烦，增加了付费方式、领货方式、保价运输服务、增值税发票类型选择以及货物运单多联打印等功能。

二、普通货物铁路运单的内容及缮制要求

普通货物的铁路运单样表见表 5-2-2。

表 5-2-2　普通货物的铁路运单

铁路货运　　　　　　　　(13)铁路货物运单号：

(13)需求号：　　　　　　(13)(整车、集装箱、批量、零散)

××铁路局 货物运单

(2)托运人	(1)发站(局)		(1)专用线					(14)货区			
	名称					(2)经办人		(14)货号			
						(2)手机号码		(15)车种车号			
	(3)□上门取货	(4)取货地址				(4)联系电话		(17)取货里程/km			
(2)收货人	(1)到站(局)		(1)专用线					(17)运到期限		(15)标重	
	名称					经办人		(16)施封号			
						手机号码		(16)篷布号			
	(3)□上门送货	(4)送货地址				(4)联系电话		(17)送货里程/km			
(9)付款方式	□现金 □支票 □银行卡 □预付款 □汇总支付				(9)领货方式	□电子领货 □纸质领货		(16)装车方		(16)施封方	
(5)货物名称	(6)件数	(6)包装	(7)货物价格/元	(7)重量/kg	(8)箱型箱类	(8)箱号	(8)集装箱施封号	(18)承运人确定重量/kg	(18)体积/m^3	(18)运价号	(18)计费重量/kg
合计											

续表

<table>
<tr><td rowspan="4">(10)选择服务</td><td>□上门装车</td><td></td><td>(19)费目</td><td>(19)金额/元</td><td>(19)税额/元</td><td>费目</td><td>金额/元</td><td>税额/元</td></tr>
<tr><td>□上门卸车</td><td></td><td rowspan="3"></td><td rowspan="3"></td><td rowspan="3"></td><td rowspan="3"></td><td rowspan="3"></td><td rowspan="3"></td></tr>
<tr><td colspan="2">□保价运输 □装载加固材料 □仓储
□冷藏(保湿)</td></tr>
<tr><td>其他服务</td><td></td></tr>
<tr><td>(11)增值税发票类型
□普通票
□专用票</td><td colspan="2">受票人名称：
纳税人识别号：
地址、电话：
开户行及账户：</td><td>(20)费用合计</td><td colspan="5">(20)大写</td></tr>
<tr><td colspan="3">(12)托运人记事

签章</td><td colspan="6">(21)承运人记事
卸货时间：　月　日　时到站　到站收费票据号码：
通知时间：　月　日　时　领货人身份证号码：
货运人：　车站日期戳</td></tr>
</table>

(22)收货人签章　(23)车站接(交)货人盖章　(24)制单人　(24)制单日期

普通货物铁路货物运单的主要内容及缮制要求如下：

(1)发站(局)、到站(局)、专用线。

发站一般填写托运人所在的城市名称，到站一般填写收货人所在的城市名称，站名按《铁路货物运价里程表》规定的站名完整填写，不得用简称。局名为系统自动生成。若在专用线或专用铁路装车或卸车，则需填写该专用线全称。

(2)托运人、收货人名称和经办人、手机号码。

如托运人(收货人)为单位，则应填写托运(收货)单位的完整名称，并填写经办人的姓名和手机号码；如托运人为个人，则应填写托运人姓名和身份证号码。

(3)是否上门取货、送货。

托运人是否选择上门取货或送货服务，如需则在框中勾选。

(4)取货、送货地址、联系电话。

若托运人选择上门取货、上门送货服务时，则应填写取货、送货地址，以及取货、送货联系人的电话号码。地址填写的格式为××省××市×区××街道××号。联系电话填写格式为区号+固定电话号码或手机号码。

(5)货物名称。

按《铁路货物运价规则》中的“铁路货物运输品名检查表”内所列载的货物名称完整、正确填写。需要说明货物规格、用途、性质的，在品名之后用括号加以注明。按一批托运的货物，不能逐一将品名在货物运单内填写时，须另填物品清单，承运后由车站打印一式两份，加盖车站承运日期戳，托运人签章，一份由发站存查，另一份交托运人。

(6)包装、件数。

包装栏填写托运货物的包装种类，如木箱、纸箱、麻袋、条筐、铁桶、绳捆等；按件承运的无包装货物，填无；使用集装箱运输的货物或只按质量承运的货物，本栏可以省略不填。件数栏填写托运货物的包装件数，合计件数栏填写货物的总件数。

(7)货物价格、重量。

货物价格栏应填写托运货物的实际价格，全批货物的实际价格为确定货物保价金额的依据。重量栏应按货物名称和包装种类分别将货物毛重用千克(kg)记明，合计重量栏填写该批货物的总重量。

(8)箱型箱类、箱号、集装箱施封号。

箱型填集装箱对应箱型，如 20、25、40、45、50；箱类填集装箱对应箱类，如通用标准箱、35 吨敞顶箱等。箱号填写包括箱主代码在内的 11 位集装箱箱号。集装箱施封号填写集装箱的铁路施封号码。

(9)付款方式、领货方式。

在付费方式栏，客户可选择现金、支票、银行卡、预付款、汇总支付等方式。选择汇总支付或预付款的，还应填写汇总支付或预付款的付费号码。在领货方式栏，客户可选择纸质领货或电子领货，选择电子领货的，还应在铁路货运网上营业厅设置领货经办人身份证号码、领货密码等信息。

(10)选择服务。

托运人选择上门装车或上门卸车的，需详细填写货物单件规格、重量等特约事项。托运人还可按需选择保价运输、装载加固材料、仓储、冷藏(保湿)等个性化服务，或详细填写托运人、承运人双方认可的其他服务事项。

(11)增值税发票类型。

需要开具增值税发票的托运人，选择普通票或专用票并填写受票方名称、纳税人识别号、地址、电话、开户行及账号等信息。

(12)托运人记事。

本栏填写需要由托运人声明的事项。例如，若货物状态有缺陷，但不影响货物运输安全，应具体注明其缺陷；需要凭证明文件运输的货物，应注明证明文件名标、号码及填发日期；托运人派人押运的货物，应注明押运人姓名和证件的名称、号码。

(13)需求号、铁路货物运单号和运输方式：根据托运人选择的运输方式，在铁路货物运单自动打印“整车、集装箱、批量、零散”等字样，制票成功后，系统自动生成运单号。需求号贯穿铁路运输全过程。

(14)货区、货号。

本栏填写承运货物进站后，在发站堆存的货区、货号。

(15)车种车号、标重。

本栏填写装载货物的铁路货车车种、车型、车号并标记载重。

(16)施封号、篷布号、施封方、装车方。

施封号栏填写铁路货车的施封号码；篷布号栏填写铁路货车所苫盖的篷布号码。根据施封、装车负责人，在施封方和装车方栏中填写托运人或承运人的详细名称。

(17)取货里程、送货里程和运到期限。

根据托运人填写的取货地址、送货地址确定取货里程、送货里程，并填写按规定计算的货物运到期限数。

(18)承运人确定重量、体积、计费重量、运价号。

除一件重量超过车站衡器最大称量的货物外，其他货物由承运人确定货物重量，按货物名称及包装种类分别填写重量栏；合计重量栏填写该批货物总重量。体积栏按货物名称及包装种类分别填写，合计体积栏填记该批货物总体积。计费重量栏，整车货物填写铁路货车标记载重量或规定的计费重量；零散货物填写按规定处理尾数后的重量或起码重量。运价号栏填写货物名称对应的运价号。

(19)费目、金额、税额。

按规定的计费科目填写，一条费目一行，计算并填写相应金额和税额。

(20)费用合计、大写。

本栏填写所有计费科目费用合计的小写金额和大写金额。铁路货物运费=货物运价+附加费用+杂费。

(21)承运人记事。

本栏填写需要由承运人记明的事项。如托运人要求办理铁路货物运输保险时，应记载保险单号码；卸货时间由到站按卸车完毕的时间填写；通知时间按发出领货(送货)通知的时间填写；填写到站收费票据号码和领货人身份证号码；途中装卸的货物，记明计算运费的起讫站名；需要限速运行的货物和自有动力行驶的机车，记明铁路局承认命令；需要由承运人记明的其他事项。

(22)收货人签章。

收货人领货时签字或盖章。

(23)车站接(交)货人签章。

发站上门取货人员在此处签字或盖章，到站上门送货人员在此处签字或盖章。

(24)制单人、制单日期。

本栏填写承运方制单人的姓名和制单时间。

任务实施

步骤一：分析案例，查找关键信息。

(1)明确案例中的托运人、承运人、收货人等铁路运输当事人。

(2)明确货物信息，如货物名称、件数、价格、重量、体积等。

(3)明确托运需求，如是否上门取货、上门送货、领货方式、付费方式等。

(4)明确费用明细，如运价、附加费、杂费的类目和计算方法等。

步骤二：填写托运人信息。

根据任务要求，填写铁路货物运单的托运人信息表(表 5-2-3)，对发站、托运人名称托运经办人和手机号码、是否上门取货、取货地址和联系电话等信息进行核实，确保无误。

发站、托运人名称、托运经办人、手机号码、取货地址、联系电话分别为“SH”“SH 炫奇装饰公司”“唐敏”“131××××6687”“SH 市杨浦区长阳路 4170 号”“021-685×××00”，在“上门取货”选项前的方框里打钩。

步骤三：填写收货人信息。

根据任务要求，填写铁路货物运单的收货人信息表(表 5-2-3)，对到站、收货人名称、收货经办人和手机号码、是否上门送货、送货地址和联系电话等信息进行核实，确保无误。到站、收货人名称、收货经办人、手机号码、送货地址、联系电话分别为“CZ”“CZ 天吉礼品公司”“周俊”“156××××6546”“CZ 市眉州路 77 号”“0539-813×××11”，在“上门送货”选项前的方框里打钩。

步骤四：填写托运货物信息。

根据任务要求，填写铁路货物运单的托运货物信息表(表 5-2-3)，对货物名称、包装、件数、货物价格、重量、箱型箱类、箱号、集装箱施封号等信息进行核实，确保无误。

货物名称、包装、件数、货物价格、重量、箱型箱类、箱号、集装箱施封号分别为“防盗门”“纸箱”“10”“102 000”“5 400”“通用标准箱”“XQ135698821”“XQ345”。

步骤五：填写其余托运信息。

根据任务要求，填写铁路货物运单的其余托运信息表(表 5-2-3)，对付款方式、领货方

式、选择服务、增值税发票类型、托运人记事等信息进行核实，确保无误。

(1)付款方式、领货方式、选择服务分别在相应的选项前的方框里打钩。

(2)托运人记事为“汇总账户账号：98520147××××6321；经办人身份证号 3104021988××××0026；领货密码：202311ST1324890001”。

步骤六：填写承运基本信息。

根据任务要求，填写铁路货物运单的承运基本信息表(表 5-2-3)，对需求号、运单号、运输方式、货区、货号、车种车号、标重、施封号、篷布号、施封方、装车方等信息进行核实，确保无误。

需求号、运单号、运输方式、货区、货号、车种车号、标重、施封号、篷布号、施封方、装车方分别为“202311ST1324890001”“BDPZC0135792”“零散”“A”“075623”“棚车 12912”“70t”“312”“0626”“中铁货运 SH 分部”“中铁货运 SH 分部”。

步骤七：填写运费相关信息。

根据任务要求，填写铁路货物运单的运费相关信息表(表 5-2-3)，确认运费信息，对取货里程、送货里程、运到期限、承运人确定重量、体积、计费重量、运价号、费目和金额、税额、费用合计、大写等信息进行核实，确保无误。

(1)取货里程、送货里程、运到期限、承运人确定重量、体积、计费重量、运价号、费目和金额、费用合计、大写分别为“10”“180”“3”“5 400”“3”“5 400”“21”“运费 1 987.2，装卸费 400，保价运输 510”“2 897.2”“贰仟捌佰玖拾柒圆贰角”。

(2)铁路货物运费=货物运价+附加费用+杂费。

其中，每 10 kg 货物运价

=发到基价(元/10 kg)+运价基价[元/(10 kg·km)]×运价里程(km)

= 0.188+0.001×180=0.368(元)，

因此，总的货物运价=货物运价×计费重量=0.368×5 400=1 987.2(元)；

装卸费 200×2=400(元)；

保价运输=102 000×0.005=510(元)。

所以铁路货物运费合计=1 987.2+400+510=2 897.2(元)。

步骤八：填写货物交付等信息。

根据任务要求，填写铁路货物运单的货物交付等信息表(表 5-2-3)，对承运人记事、收货人签章、车站接(交)货人签章等信息进行核实，确保无误。

在承运人记事栏中，填写“保单号 YS123，卸货时间 11 月 22 日 18 时，到站收费票据号码 XQGS123，通知时间 11 月 22 日 20 时，领货人身份证号码 3202031985××××0538”，制单人、制单日期分别为“吴刘”“2023-11-18”。

步骤九：复核填写，保证正确清晰。

(1)复核托运人填写部分。逐条审核托运人信息、收货人信息、托运货物信息和其余托运信息，复核是否已经填写应填栏目，已填栏目内容与实际是否一致，必须保证全部正确。

(2)复核承运人填写部分。逐条审核承运基本信息、运费相关信息、货物交付信息，复核是否已经填写应填栏目，已填栏目内容与实际是否一致，必须保证全部正确。

表 5-2-3　普通货物的铁路运单缮制

铁路货运　　　　　　　　　　　　（13）铁路货物运单号：BDPZC0135792

（13）需求号：202311ST1324890001　　（13）（零散）

××铁路局 货物运单

（2）托运人	（1）发站（局）	SH	（1）专用线					（14）货区	A		
	名称	SH 炫奇装饰公司				（2）经办人	唐敏	（14）货号	075623		
						（2）手机号码	131××××6687	（15）车种车号	棚车 12912		
	（3）☑上门取货	（4）取货地址	SH 市杨浦区长阳路 4170 号			（4）联系电话	021-658×××000	（17）取货里程/km	10		
（2）收货人	（1）到站（局）	CZ	（1）专用线					（17）运到期限	3	（15）标重	70 t
	名称	CZ 天吉礼品公司				经办人	周俊	（16）施封号	312		
						手机号码	156××××6546	（16）篷布号	0626		
	（3）☑上门送货	（4）送货地址	CZ 市眉州路 77 号			（4）联系电话	0539-813×××11	（17）送货里程/km	180		
（9）付款方式	☐现金 ☐支票 ☐银行卡 ☐预付款 ☑汇总支付				（9）领货方式	☑电子领货 ☐纸质领货		（16）装车方	中铁货运SH 分部	（16）施封方	中铁货运SH 分部
（5）货物名称	（6）件数	（6）包装	（7）货物价格/元	（7）重量/kg	（8）箱型箱类	（8）箱号	（8）集装箱施封号	（18）承运人确定重量/kg	（18）体积/m^3	（18）运价号	（18）计费重量/kg
防盗门	10	纸箱	102 000	5 400	通用标准箱	XQ135698821	XQ345	5 400	3	21	5 400
合计	10	纸箱	102 000	5 400	通用标准箱	XQ135698821	XQ345	5 400	3	21	5 400

续表

<table>
<tr><td rowspan="4">(10)选择
服务</td><td>☐上门装车</td><td></td><td>(19)费目</td><td>(19)金额
/元</td><td>(19)税额
/元</td><td>费目</td><td>金额
/元</td><td>税额
/元</td></tr>
<tr><td>☐上门卸车</td><td></td><td rowspan="3">运费
装卸费
保价运输</td><td rowspan="3">1 987. 2
400
510</td><td rowspan="3"></td><td rowspan="3"></td><td rowspan="3"></td><td rowspan="3"></td></tr>
<tr><td colspan="2">☑保价运输 ☐装载加固材料 ☐仓储
☐冷藏(保湿)</td></tr>
<tr><td>其他服务</td><td></td></tr>
<tr><td>(11)增值税
发票类型
☐普通票
☐专用票</td><td colspan="2">受票人名称:
纳税人识别号:
地址、电话:
开户行及账户:</td><td>(20)费用
合计
2 897. 2 元</td><td colspan="5">大写 贰仟捌佰玖拾圆贰角</td></tr>
<tr><td colspan="3">(12)托运人记事
汇总账户账号:98520147××××6321
经办人身份证号:3104021988××××0026
领货密码:202311ST1324890001</td><td colspan="6">(21)承运人记事
保单号 IK123
卸货时间:11 月 22 日 18 时 到站收费票据号码:XQGS123
通知时间:11 月 22 日 20 时 领货人身份证号码:3202031985××××0538
车站日期戳</td></tr>
</table>

(22)收货人签章　　(23)车站接(交)货人盖章　　(24)制单人 : 吴刘　　(24)制单日期:2023-11-18

任务评价

请完成铁路运单任务评价表(见表 5-2-4)。

表 5-2-4　铁路运单任务评价表

内容	评价任务	要素说明	分值	自评	他评	师评	合计
知识与技能	会剖析案例	明确各关系方	5				
		正确计算各类费用	10				
	正确阐述运单的填写规范	介绍运单各项的含义、格式	25				
	根据所给任务情境正确完成运单的填制	按课堂任务填制运单(按空格计数，每空 1 分)	20				
		按课后任务填制运单(按空格计数，每空 2 分)	40				
过程与方法	积极参与，态度端正，互助合作		100				
情感、态度、价值观	树立敬业精神、劳动意识 培养聚精会神、专心致志的学习习惯以及精益求精的工匠精神		100				
合计			300				

任务实施

CQ 利客来礼品公司(地址为 CQ 市万州路 56 号，电话 023-880×××16)向 HZ 康牛家具公司(地址为 HZ 市余杭区石塘路 128 号，电话 0531-658×××71)购买一批衣柜，双方约定由卖方负责货物的运输事宜。2023 年 12 月 12 日 HZ 康牛家具公司向中国铁路货运上海分部提出了托运需求，并要求上门取货、送货到门。托运信息见表 5-2-5。

表 5-2-5　托运信息

货物品名：衣柜	包装方式：纸箱
每箱体积：5 m^3	件数：10 箱
总重量：500 kg	总价值：201 000 元
取货地：HZ 市余杭区石塘路 128 号	收货地：CQ 市万州路 56 号
发站：HZ 火车站	到站：CQ 火车站
基础运价 1：0. 188 元/10 kg	基础运价 2：0. 001 0 元/(10 kg · km)
铁路运输里程：2 450 km	取货地距离托运人：20 km
装卸费：200 元/t	保价费：货物价值的 0. 5%

续表

运费结算方式：现金支付	预计入库时间：2023-12-13 14：00
进货货位：中铁货运仓库 B 区 05463 货位	保险单号：IK234
火车车次：K456	车辆信息：棚车，号码 86845，标重 70 t
篷布号：1210	车辆施封号：923
箱型箱类：通用标准箱	集装箱编号/施封号：XQ325698821/KQ386
预计运输时间：5 天	预计到货日期：2023-12-18
运价号：21	收费票据号：KQGS391
需求号：2023011324890001	领货密码：与需求号一样

2023 年 12 月 12 日，中铁货运杭州分部程芳芳负责与托运人 HZ 康牛家具公司魏来(手机号码 131××××3487，身份证号码 3301051990××××0024，银行卡账号 9853024××××9632)联系相关事宜，并缮制编号为 ROAZC0246871 的铁路货物运单(见表 5-2-6)，送货上门时联系 CQ 利客来礼品公司田亮(手机号码 136××××5461，身份证号码 5001011984××××0615)。

实训报告

请填写铁路货物运单(见表 5-2-6)。

表 5-2-6　铁路货物运单

姓名		学号	
专业		班级	
实训日期		指导教师	
实训项目			
实训步骤： 步骤一： 步骤二：			

续表

步骤三：   步骤四：   步骤五：   步骤六：   步骤七：
实训收获及反思：

工匠园地

2023 中国物流企业家年会落幕　颁发“2023 中国物流年度奖项”

光明网 2023-12-15

近年来，我国高度重视现代物流发展，明确了“十四五”现代物流的发展目标和重点任务。在新形势下，为进一步提升产业链供应链韧性与安全，2023 年 12 月 13—14 日，由中国物流与采购联合会、云南省发展和改革委员会、西双版纳傣族自治州政府联合主办的“2023(第二十一届)中国物流企业家年会”在云南西双版纳州举行。活动共有来自全国的物流、供应链、物流科技相关行业代表，以及各地物流协会代表共计 800 余人参加。

本次年会以“共建大通道 融合促发展”为主题，共同探讨我国物流业发展所面临的新机遇与新挑战，以及高质量可持续发展的新思路与新路径。中国物流与采购联合会会长何黎明在致辞中表示：数字经济正在成为改造传统产业的重要抓手，推动数字经济与实体经济融合，全面拥抱互联网，通过数字化手段打通供应链全链条、串通产业链全系统，实现韧性安全、保供稳链成为重要趋势。

为进一步贯彻新发展理念，构建新发展格局，推动物流业高质量发展，本次年会还设置了共建“一带一路”物流大通道、供应链价值创新、数智化赋能高质量发展等平行论坛，来自中国物流集团、宁德时代、物产中大等企业的嘉宾就相关话题发表了演讲。

为表彰 2023 年度推动中国物流与供应链高质量发展的领军人物与典型企业，树立行业典范，大会颁发了“2023 中国物流年度奖项”。其中，来自长城汽车、联想集团、泸州老窖、齐心集团等企业的领军人物荣获“2023 中国供应链管理先锋人物”奖项。

本次获奖企业遍布不同赛道，其中齐心集团所代表的政企采购服务赛道在数字经济时代的发展成果备受行业关注。齐心集团董事、高级副总裁、B2B 事业部总经理戴盛杰获评“2023 中国供应链管理先锋人物”。

据了解，齐心集团作为国内知名的数字化采购服务商，建立了以数字驱动、人工智能赋能的数字化全链路协同的企业服务平台，帮助企业完成需求、寻源、采购、履约、验收、结算、售后、数据分析等环节，并且连接各类供应商、品牌商、服务商和客户，提升了整个产业链的效率。据公开资料显示，齐心集团入选商务部“2023 年电子商务示范企业”、信通院《高质量数字化转型产品及服务全景图》。

来源：中国日报网

参与文献

[1]学习强国学习平台. 北京：中共中央宣传部
[2]郑彬，程明. 仓储与配送实务[M]. 2版. 北京：高等教育出版社，2015.
[3]张锐，胡倩倩. 物流单证实务[M]. 2版. 北京：高等教育出版社，2015.
[4]王岩，庞志康. 物流单证作业实务[M]. 2版. 北京：机械工业出版社，2021.